# Bayern Sammelsurium

Geheimnisse, Kuriositäten und
Wissenswertes über Bayern

Gesammelt, geschrieben und illustriert
von **Philipp Starzinger**

# Inhalt

| | | |
|---|---|---|
| **A** | »A« bis Alpenschamanismus | 6 |
| **B** | Bezirke bis Bloß hi? | 12 |
| **C** | Chopper bis CSU | 33 |
| **D** | Dackel bis derblecken | 35 |
| **E** | Erfindungen bis Erhard | 39 |
| **F** | Fasching bis Fastenzeit | 43 |
| **G** | Geburtstag der Weißwurst bis gell | 53 |
| **H** | Hauser Kaspar bis Humplmayr | 55 |
| **I/J** | Jodelkurs bis Illuminaten | 63 |
| **K** | Konnersreuther Resl bis Kandinski | 64 |
| **L** | Loch bis Lenin | 68 |
| **M** | Marktweibertanz bis Museen | 74 |
| **N** | Nix | 81 |
| **O** | Obazda bis Oachkatzlschwoaf | 81 |
| **P** | Pumuckl bis Prada | 83 |
| **R** | Ratzi bis Richtungen | 88 |
| **S** | Schauspieler/innen bis Schutzengel der Gschlamperten | 97 |
| **T** | Tatzelwurm bis TTTT | 110 |
| **U** | Uazin | 116 |
| **V** | Verneinung bis Valentin | 116 |
| **W** | Wirtshaus bis Wolpertinger | 120 |
| **Z** | Zwerge bis Zwiefacher | 136 |

Literaturverzeichnis ..... 140
Index ..... 143

## DAS »A« HAT IN BAYERN VIELE BEDEUTUNGEN.

| | |
|---:|:---|
| **Mutterschaf** | *A (Äue)* |
| **auch** | *a* |
| **ein** | *a* |
| **ja** | *a* |
| Ausruf der **Verwunderung**, des Erstaunens | *A do schau her!* |
| Statt oder vor der **Begrüßung** | *á* (lang in hoher Tonlage gesprochen) *Å dà Doni!* |
| **Staunendes Begreifen** | Überlang »a« mit weichem Einsatz und steigender Tonhöhe |
| Ausruf der **Bewunderung** | *Da habens nur noch sagen können: A!* |
| Ausruf der **Zufriedenheit** | *àà* Helles à mit tiefem Stimmeinsatz und steigender Tonhöhe |
| Ausdruck des **Unwillens**, der Ablehnung, der Anzweiflung und Zurückweisung | *A, hör doch auf!*, kurz, hell |
| **Verstärktes »Nein«**, das eine Behauptung endgültig abtut, auch in mehrfacher Wiederholung | *?å?å?å* |
| Ausruf enttäuschter **Missbilligung** | *a-a a des glaubst selber ned!, a geh, a na, a was, a wo, a woher* |
| Ausdruck des **Schmerzes** | Überlang, mit weichem Einsatz und fallender Tonhöhe |
| **Lockruf für Gänse** | *Wihala a a a a!* oder *Wusala a-a-a-a* |
| **Kindersprachlich für Stuhlgang** | *A-a* |

**Schmeller, Bayerisches Wörterbuch**

# Auswandern nach Amerika

| | | |
|---|---|---|
| *Augusta Enders-Schichanowsky* | Forchheim | Polarforscherin und Goldsucherin in Alaska, Autorin des Buchs »Im Wunderland Alaska« |
| *Emerenz Meier* | Schiefweg, ein Ortsteil von Waldkirchen / Ndb. | Neben Lena Christ – die aber nicht ausgewandert ist – bedeutendste bayrische Volksdichterin |
| *Hayum* (Henry) *Mendel* (Emmanuel) *Maier* (Mayer) *Lehman* | Rimpar bei Würzburg | Mitbegründer der Bank »Lehman Brothers« |
| *Jeri Ryan* | München | Spielte die Figur »Seven of Nine« in der Serie »Star Trek: Raumschiff Voyager« |
| *Löw* (Levi) *Strauss* | Buttenheim | Erfinder der Blue Jeans |
| *Marcus Goldman und Samuel Sachs* | Trappstadt | Mitbegründer der Bank »Goldman Sachs« |
| *Richard Lindner* | Nürnberg | Maler, ist abgebildet auf dem Cover des Beatles-Albums »Sgt. Peppers Lonely Hearts Club Band«, und zwar der zweite Kopf über George Harrison |
| *Sheryl Lee* | Augsburg | Schauspielerin der Rolle Laura Palmer in David Lynchs »Twin Peaks« |
| *Siegfried Fischbacher* | Rosenheim | Magier, Teil des Magier-Duos »Siegfried und Roy«. Stichwort »Weiße Tiger« |
| *Simon Ochs* | Fürth | Übernahm 1896 die »New York Times« |

# AUS-LA-DUNG

*Folgende Aussprüche sind möglich, um klar und deutlich mitzuteilen, dass es Zeit wäre zu gehen:*

**Zupf di!**

**Schleich di!**

**Druck di!**

**Droll de!**

**Verziag di!**

**Schwing di!**

**Hau ab!**

**Etz werads zeit …**

# ALTÖTTING

Wallfahrtsort. 1489 ist ein ertrunkenes Kind auf dem Altar der Gnadenkapelle wieder zum Leben erwacht. Die dort zu besichtigende schwarze Madonna soll dieses Wunder vollbracht haben.

# Anhalterin von Ebersberg

Ein → Gespenst, das in der Nähe von München umgeht. Durch den Ebersberger Forst bei München, führt eine Bundesstraße. Dort steht neben der Kapelle eine weiß gekleidete Anhalterin. Wer diese Frau mitnimmt, dem greift sie ins Steuer. Andere erzählen, dass sie – ohne dass sie angehalten hätten – die Frau plötzlich auf der Rückbank sitzen sehen. Auf jeden Fall verschwindet sie unerwartet wieder aus dem Auto. Man sagt, sie suche immer noch nach dem Fahrer, der sie verletzt hat und sterben ließ.

# AGGRESSION
## IN ABWESENHEIT VON PROBLEMBEWUSSTSEIN

Im Stück »Attacke auf Geistesmensch« beschreibt Gerhard Polt, wie der Ich-Erzähler, ein Metzger mit seinen sieben Metzgerfreunden, freundlich aber bestimmt danach fragt, ob er sich auf dem Oktoberfest zu dem Zwetschgenmandl an den Bierzelttisch setzen dürfe. Nachdem dieser einfach keine Ruhe gegeben habe, habe der Adi – er habe natürlich überhaupt nicht zugeschlagen, davon kann keine Rede sein – habe also der Adi dem Zwetschgenmanderl den Maßkrug lediglich auf dem Schädel aufgesetzt. Dann sei eine Ruhe gewesen. Polt erzählt, das Bier habe sehr gut geschmeckt. Es sei dann noch eine Bombenstimmung gewesen. Und einen türkischen Honig und einen Klosterlikör habe es auch noch gegeben. Es sei einfach schön am Oktoberfest!

## Autos

**BAYRISCHE AUTOS SIND AUF DER GANZEN WELT BELIEBT**

Kabinenroller

| Hersteller | Typische Modelle | Hauptsitz |
|---|---|---|
| Audi | **A3, Audi 80 Quattro** | Ingolstadt |
| BMW | **3er, 5er, 7er** | München |
| Glas | ~~Goggomobil~~ (Kleinstwagen, einziges Auto vom Landmaschinenhersteller Hans Glas) | Dingolfing |
| Zündapp | **Janus** (Rollermobil) | Nürnberg |
| Messerschmidt | **Kabinenroller** | Regensburg |

## Apokalypse

Das Portal der Schottenkirche in Regensburg zeigt mehr als 150 Figuren. Es gilt als erwiesen, dass auf dem riesenhaften Kunstwerk das Weltgericht am Jüngsten Tag abgebildet wurde. Ungeheuer werden geboren, Menschen von Basilisken verspeist. Ungewöhnlich: wie klar nebeneinander heidnische und keltische Abbildungen an dem jetzt katholischen Kircheneingang dargestellt sind. Die keltische Anderswelt verflicht sich mit der unseren.

## AFN

Der Radiosender »American Forces Network« wurde zur Rundfunkversorgung der Streitkräfte der Vereinigten Staaten von Amerika gegründet, war aber bei der einheimischen Bevölkerung mindestens genauso beliebt.

In München brachte man das Sendestudio in einer Villa in der Kaulbachstraße unter – der ehemaligen Residenz von Nazi-Gauleiter Adolf Wagner. Berühmte Münchner Moderatoren des AFN waren:

- ❖ DJ Chuck Herrmann
- ❖ DJ Jim Sampson
- ❖ DJ Bill Higgenbotham

Überliefert ist die Bemerkung von DJ Jim Sampson auf dem Oktoberfest 1976 zu anderen GIs, als er eines Japaners ansichtig wurde:

## »Aus« beim Fangenspielen

Je nach Gegend gibt es viele verschiedene Bezeichnungen:

*Haus*
*Boot*
*Gotto*
*Bahme*
*Bane*

## »Damned Saupreiß!«

# Hintertupfingen
# Hintertupfing
# Kaff
# Pampa
# Tripstrill
# Hinterhuglhapfing

Spöttisch für unbedeutende oder provinzielle Gegend oder ein abgelegenes Dorf: »Von Hintertupfingen sein«

Die Haltestelle »Hintertupfingen« gehört zum Sortiment der Modelleisenbahngebäudesätze der Gebrüder Faller.

# Alpenschamanismus

Die Alpen werden auch als die »Altäre Europas« bezeichnet. Dort und im Alpenvorland befinden sich Hunderte kultische Orte, zum Beispiel:

**Almbachklamm · Alatsee · Langacker Keltenschanzen · prähistorische Ringanlage in Kirchholz · keltischer Sonnenkulthügel · Grabhügel und Teufelsloch in Bayerisch Gmain**

# Bezirke

BAYERN BESTEHT AUS SIEBEN REGIERUNGSBEZIRKEN. MIT EINER FLÄCHE VON ETWA 70 500 KM² BEHEIMATET ES UM DIE 13 MILLIONEN EINWOHNER.

|  | ❶ ❷ ❸ <br> **Franke** <br> *Lebkuachapreiß* | ❹ <br> **Ober-** <br> **pfälzer** <br> *Moosbüffl* |
|---|---|---|
| **Merkmale:** | Schäufele, Bocksbeutel, Lebkuchen | alte Steine, der Zoigl (Zoigl-Bier) |
| **Charakter:** | Bassd scho, trotziges Understatement | gilt als verstockt, hintergründiger Humor, sparsam im Umgang mit Worten. *Lui mi sa.* (Lass mich sein.) |
| **Nachteile:** | Optimismus ist ihm unbekannt. | Diplomatie oder gar Galanterie sind nicht sein Ding. |
| **Hauptstadt:** | ❶ Unterfranken: Würzburg <br> ❷ Oberfranken: Bayreuth <br> ❸ Mittelfranken: Ansbach | Regensburg |
| **Große Städte:** | Nürnberg, Fürth | Weiden, Amberg, Neumarkt |

Identifikationsstiftend für die Bewohner sind nicht nur der jeweilige Bezirk, sondern es gibt noch andere »Herkünfte«, z.B. den Bayerischen Wald, das Allgäu, Berchtesgadener Land etc.

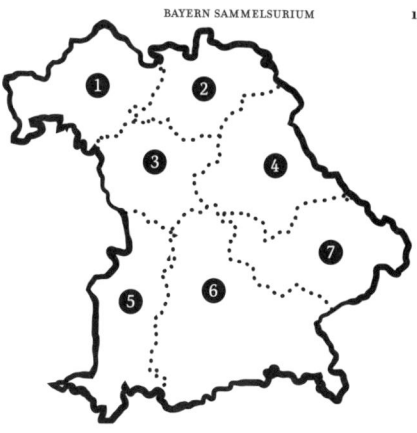

| ⑤ Schwabe | ⑥ Oberbayer | ⑦ Niederbayer |
|---|---|---|
| Maultaschenbayer | Paradebayer | Droatbüffl |
| Putzlumpen | Gamsbart, Dirndl, Krachlederne und Maßkrug | Haus mit Holzvorrat |
| sparsam, fleißig | gilt als weltoffen, aber heimatverbunden | Pflichtgefühl und nicht viel Aufhebens darum machen. »Wos do wern muas, muas do wern.« |
| »kompliziertester, aber spannungsreichster bayrischer Stamm« (Theodor Heuss) | versteht sich gerne als »einzig richtiger Bayer« | kulturell wenig anpassungsfähig |
| Augsburg | München | Landshut (auch L.A. genannt) |
| Kempten (Allgäu), Neu-Ulm, Kaufbeuren | Ingolstadt, Rosenheim, Freising | Passau, Straubing, Deggendorf |

# Baierwein

DER BAIERWEIN WAR STETS FÜR SEINE SCHLECHTE QUALITÄT BERÜHMT.

## Spitznamen für und Anekdoten über den Baierwein

| | |
|---|---|
| **Dreimännerwein** | Spielt darauf an, dass es den Trinker so schüttelt, dass ihn zwei Helfer halten müssen, damit er sich nicht verletzt. |
| **Glockenläuten** | »Wenn in Kruckenberg das Weintrinken angeht, dann wird die Glocke des Kirchleins nachts 12 Uhr geläutet. Die Leute sollen wach werden und sich umdrehen, damit ihnen der saure Wein nicht die eine Seite der Magenwand durchfrisst.« |
| **Papst Pius II** | »Wein wird aufgetragen, dir wird unwohl, wenn du davon trinkst, er ist scharf wie Essig oder ist verwässert, verderbt, flockig, sauer… von ebenso schlechtem Aussehen wie Geschmack.« |
| **Strumpfwein** | Bedeutet, dass er so herb ist, dass es einem alle Löcher zusammenzieht, auch die der Strümpfe. |
| **Tränen Petri** | Anspielung auf den süditalienischen Wein »Lacrimae Christi«. |

*»O glückliches Land, wo Essig, welcher anderswo mit großer Mühe bereitet werden muss, von selbst wächst.«*

Freiherr Wigulaeus von Kreittmayr (1705–1790) damaliger Besitzer der Hofmark Offenstetten in der Nähe von Abensberg

Bayern war in früheren Zeiten nicht Bier- sondern Weinland. Ende des 16. Jahrhunderts hat sich das geändert, weil sich Weinbauern von der Ackernutzung ihres Weinberges mehr Erfolg versprachen. Traditionell war die Sorte »Elbling« angebaut worden, die keine gute Qualität, dafür viel Saft lieferte und die sehr robust im Anbau war. Da Bayern viel Salz exportierte, kam als Rückfracht auf den Schiffen später besserer Wein ins Land.

Der Baierwein – Weinbau und Weinkultur in Altbayern

# Berühmte bayrische Bands und Musiker, einige

| | | |
|---|---|---|
| Biermösl Blosn | Chambergrass | Hans Söllner |
| Blumentopf | Schandmaul | Konstantin Wecker |
| Haindling | Spider Murphy Gang | Amon Düül |
| LaBrassBanda | Sportfreunde Stiller | Anajo |
| Fiddler's Green | WIZO | Amon Düül II |
| Lou Bega | Dschingis Khan | Lalipuna |
| Münchener Freiheit | Giorgo Moroder | Get Well Soon |
| Notwist | Rex Gildo | The Robocop Kraus |
| Ringsgwandl | | Ihre Kinder |
| | | Silver Convention |

> »Dudub schiab o
> mir san a Rock'n'Roll Band
> und aufm Weg noch Minga«
>
> Spider Murphy Gang

# Bauern= seufzer

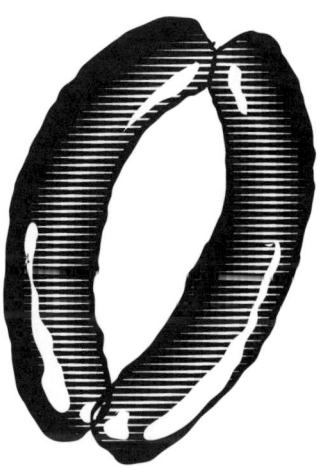

Geräucherte Bratwurst

# BAIRISCH ODER BAYRISCH

## WANN SCHREIBT MAN BAYRISCH MIT »I« UND WANN MIT »Y«?

---
Übrigens: **Bairisch** nennt sich auch die Sprache in Österreich und Südtirol.

---

Das Durcheinander kommt daher, dass sich die Sprachforscher und der Kini (König Ludwig I.) damals gestritten haben. Der König war ein Freund des Griechentums (Philhellenismus) und wollte daher alles blau-weiß und mit viel Ypsilons. Die Sprachforscher haben natürlich gesagt: Das geht net, Baiern schreibt man schon immer mit »i« (es gibt allerdings auch ältere Belege mit »y«). Herausgekommen ist ein Kompromiss. Ein jeder kümmert sich um Seins: Der König ließ am 20. Oktober 1825 anordnen, dass die Schreibweise von Bayern mit »y« gilt. Die Sprachforscher legten fest, wie man die Sprache schreibt: Bairisch.

| | |
|---|---|
| **Bairisch** | Nimmt Bezug auf die **Sprache**, den Dialekt der Bayern |
| **Bayrisch** | Bezieht sich auf den **Staat** Bayern |
| **Bayerisch** | Variante von »Bayrisch« in **Eigennamen** und offiziellen Bezeichnungen |

## *Bayerischer Wald*

Der Bayerische Wald (oder Bayerwald genannt) ist das größte zusammenhängende Waldgebiet in Mitteleuropa.

# LISTE LUSTIGER BERUFSBEZEICHNUNGEN

**Boda** — war früher ein einfacher Friseur, abfällig für Kurpfuscher, schlechter Arzt. Ursprünglich war der »Bader« ein nicht akademischer sanitärer Berufsstand, welcher geringere Leiden durch Bädermischungen, Salben etc. zu lindern versuchte.

**Loamsiada** — von Leimsieder (Leimkochen war eine langwierige, langweile Angelegenheit): Langweiler, Schleicher, langsamer Mensch.

**Fotznspangler, Pappnschlosser** — Zahnarzt oder Kieferorthopäde

**Kurpfuscha** — Arzt

**Paragraphnreita** — Beamter, kleinkarierter Pedant

**Schmiafink** — Journalist

**Meatlriahra** — Mörtelrührer, Verputzer, Maurer

**Mahlerbatzn** — Maler

**Kuttnbrunza** — Klosterbruder, Mönch

**Boandlkramer** — Totengräber, Bestatter

**Rosstäuscher** — betrügerischer Händler

## Bayrhammer

*Gustl Bayrhammer, \* 12. Februar 1922 in München; † 24. April 1993 in Krailling,* Tatort-Kommissar Melchior Veigl, Petrus in dem Stück »Der →Brandner Kaspar und das ewig' Leben«, Franz Eder in der Kinderserie »Meister Eder und sein →Pumuckl«.

BAYERN SAMMELSURIUM

← Watzmann, von Süden aus gesehen

# berge, höchste

| Berg | Höhe | Landschaft | |
|---|---|---|---|
| Zugspitze | 2 962 m | Wettersteingebirge | |
| Watzmann | 2 713 m | Berchtesgadener Alpen | |
| Hochfrottspitze | 2 649 m | Allgäuer Alpen | |
| Östliche Karwendelspitze | 2 538 m | Karwendelgebirge | |
| Kreuzspitze | 2 185 m | Ammergauer Alpen | |
| Schafreuter | 2 101 m | Vorkarwendel | |
| Krottenkopf | 2 086 m | Bayerische Voralpen | Alpen |
| Aggenstein | 1 987 m | Tannheimer Berge | |
| Berchtesgadener Hochthron | 1 973 m | Untersberg | |
| Sonntagshorn | 1 961 m | Chiemgauer Alpen | |
| Rotwand | 1 884 m | Mangfallgebirge | |
| Zwiesel | 1 781 m | Staufen | |
| Karkopf | 1 738 m | Lattengebirge | |
| Großer Arber | 1 455 m | Bayerischer Wald | |
| Großer Rachel | 1 452 m | Bayerischer Wald | |
| Lusen | 1 373 m | Bayerischer Wald | |
| Raggenhorn | 1 056 m | Adelegg *(wieder Alpen)* | |
| Schneeberg | 1 051 m | Fichtelgebirge | |
| Platte | 946 m | Steinwald | |
| Dammersfeldkuppe | 927 m | Rhön | |
| Entenbühl | 901 m | Oberpfälzer Wald | |

**Streng bairisch heißt der berühmte Gipfel übrigens »Der Zugspitz«.**

# Bier-Maßeinheiten

| | | |
|---|---|---|
| **Maß** | Gesprochen mit kurzem »s« wie Mastschwein | 1 l |
| **Halbe** | Aktuelles Norm-Maß für Bier | 0,5 l |
| **Press= halbe** | Wie eine Halbe, aber auf ex getrunken | 0,5 l |
| **Preißn= Halbe** | Moderne Gewinnoptimierungs-Bier-Menge | 0,4 l |
| **Rentner= Halbe** | Für alle, die eine ganze Halbe nicht schaffen | 0,25–0,33 l |
| **Spruz** oder **Schnitt** | Ohne Rücksicht auf Schaum gezapftes Abschiedsgetränk im Wirtshaus | ca. 0,25 l |
| **Noagal** | Das, was manchmal im Glas stehen gelassen wird: »*Noagalzuzler*« | ca. 0,1 l |

## Beeren
### in den Wäldern Bayerns

→ Blaubeere/ Heidelbeere (bair. Hoawa)

Preiselbeere (bair. Jagerbeere)

Moosbeere

Himbeere (bair. Hindlbeer, Hoanber)

Brombeere (bair. Braunbeer, Brambeer, Drambir, Brawa)

Erdbeere (bair. Erber, Irber, Bresling, Rotbeere, Rouba)

# Blöd daherreden

**I hob an Gschmack im Mei, wia a Marktfrau unterm Arm.**

*Alles wast da daheiratst, muasst da ned daoaban!*

**Wenn d Blödheit Radlfahrn kannt, miassast Du übern Berg affe bremsn.**

*Frühers hat der Dreck gstunga. Heit redt a.*

**Soichdane wia Di hab i früha fünfe an der Uhrkettn spazierndrong.**

*Liebe vergeht – Hektar besteht!*

**Do dadirrt a da! – Und do dadirrda da aa! Do dadirrada da aa!**

*Mogst a Guadl oder a Fotzn … Guadl homma koane mehr*

*»Mogst no a Hoibe?« – »Fralle. Auf oam Fuass samma ned einaganga!«*

**Wenn da Hund ned gschissn hätt, na hätt er an Hasn dawischt!**

## DERBLECKEN, DRIFLN, SCHMATZN.
## EINIGE NÜTZLICHE SPRÜCHE:

*Ma sogt ja nix,
ma redt ja bloß.*

**So bläd schau ma mia
ned aus, wia ma han!**

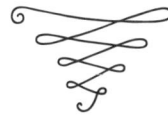

*Wenn 'd Bledheit kloa
macha dad, kanntast
du unterm Teppich
Fallschirmspringa.*

**Du gherst doch mit da
Scheißhausbürschtn
daschlogn**

*Ned gschimpft
is globt gnua!*

**Du draamst aa von de
nackerden
Weißwürscht!**

**Blut=
wurst**

## Strafe für das
# Bier-<br>pantschen

DAS BIERPANTSCHEN IST NACH MORD UND BRANDSTIFTUNG LAUT VOLKSMUND DAS DRITTSCHLIMMSTE VERBRECHEN.

### Definition

Pantschen ist, wenn man Wasser ins Bier mischt oder andere Zutaten verwendet, als das Reinheitsgebot erlaubt.

### Strafe

Bierpantscher müssen nach ihrem Tod als Geister in der Höhenburg Stockenfels bei Nittenau ihr Dasein fristen. Diese Strafanstalt wird auch »Bierpantscher-Walhalla« genannt. Die Pantscher müssen zur Buße im tiefen Schlossbrunnen, auf einer Leiter stehend, Wasser in der hohlen Hand emporfördern, so lange, bis sie so viel geschöpft haben, wie sie im Leben Bier verdünnt oder zu wenig eingeschenkt haben.

# Blaubeere

## DIE BLAUBEERE IST EINE BEERENFRUCHT VON DER HEIDELBEERSTAUDE.

Medizinisch dient sie der Regulierung der Kotentleerung und von Blähungen. Sie desodoriert den Stuhl (macht ihn geruchsneutraler) und sie bringt Spulwürmer zum Abgang. Sie heißt überall in Bayern anders:

| | | |
|---|---|---|
| Schwarzbeere | Heidelein | Taubbeere |
| Schwaza Bea | Heigelbeere | Dauwanbial |
| Blauböör | Hoigl | Aubeere |
| Heidelbeere | Augelbeere | Auwa |
| Hoawa | Aiglbeer | Aubial |
| Haiwal | Heindelein | Taubbeere |
| Hoaber | Headalan | Daupa |
| Heidel | Herl(a) | Moosbia(l) |

# Brecht

Bert Brecht,* 10. Februar 1898 in Augsburg; † 14. August 1956 in Ost-Berlin, einflussreicher Dramatiker und Lyriker. Besonders bekannt ist seine »Dreigroschenoper« mit Mackie Messer. Er drehte aber auch zusammen mit Karl Valentin eine Art frühen Horror-Kurzfilm.

## EINE ÜBERSICHT ÜBER DIE
# Biersorten

| | Beschreibung, Geschmack und Farbe | Alkoholgehalt | Stammwürze |
|---|---|---|---|
| **Helles** | Untergäriges Vollbier, alte Bezeichnung »Lagerbier«, Hell-Goldgelb | 4,6–5,6 % | 11-14 % |
| **Pils** | Eine Biersorte, von Josef Groll aus Vilshofen, 1842 in Pilsen erfunden. Hell-goldfarbenes Bier mit feinsahnigem Schaum | 4,8 % | 11 % |
| **Dunkles** | Untergäriges Vollbier mit mindestens 50 % dunklem Malz gebraut. Dunkel-bernsteinfarben, malziges Aroma, leicht süßlich | 4,6–5,6 % | 14 % |
| **Bock** | Untergäriger Bock, obergäriger Weizenbock. Erfunden in Einbeck bei Hannover »ainpockisch Bier«. Dunkles, vollmundiges Bier, kräftiger Malzgeschmack | 7 % | 16 % |
| **Weizen** | Obergäriges, ältestes Bier Bayerns. Mindestens 50 % des Malzes ist Weizenmalz. Hellgelb oder dunkelbernsteinfarben, normalerweise durch Hefe getrübt | 5,4 % | 11–14 % |
| **Roggen** | Statt Gerste wird zu 50% Roggen- und Dinkelmalz verwendet. Dies war bis ins 15. Jahrhundert der Normalfall. 1995 wieder von der Brauerei Thurn & Taxis auf den Markt gebracht. Rötlich-braun, weicher rauchig-röstmalziger Geschmack | 5,3 % | 12,5 % |

# Benzindroschken

Am 18. Januar 1906 wurden in München die ersten Benzindroschken Bayerns in Betrieb genommen. Die 22 knatternden Kutschen ohne Pferd erregten großes Aufsehen. Neben diesen ersten Taxis waren noch 480 Pferdedroschken in Betrieb.

## »Der Kaiser«

Beckenbauer wird seit 1968 »Kaiser« genannt. Dafür gibt es folgende Anekdote: Bei Fotoaufnahmen wurde Franz Beckenbauer neben einer Büste des ehemaligen österreichischen Kaisers Franz I. platziert, daraufhin wurde er in einem Artikel von Sepp Graf als Fußball-Kaiser bezeichnet.

Der Name war geboren.

JA GUT, SICHERLICH ...

# Beckenbauer

Franz Beckenbauer, * 11. September 1945 in München-Giesing, Fußballspieler, Fußballtrainer u. a. der deutschen Nationalmannschaft, Fußballfunktionär. Kennt alle und jeden – sogar die Außerirdischen.

> »Der liebe Gott freut sich über jedes Kind.«

Beckenbauer kommentiert nonchalant die Geburt eines von ihm außerehelich gezeugten Kindes.

# Brandner Kaspar

## AN DOUD BSCHEISSN
## (DEN TOD BETRÜGEN)

*In der Münchner Zeitschrift »Fliegende Blätter« erschien 1871 eine Kurzgeschichte von Franz von Kobell in oberbairischer Mundart, die dem Abgrund der Vergänglichkeit etwas von seinem Schrecken nimmt: »Der Brandner Kaspar«.*

Eines Nachts bekommt der alte Brandner Kaspar Besuch vom Sensenmann: dem Boandlkramer. Der möchte gern den Kaspar mitnehmen. Nach einigen Stamperln Kirschgeist lässt sich der Boandlkramer zu einem Kartenspiel überreden, bei dem ihn der Kaspar allerdings pratzelt (bescheißt) und so noch weitere 16 Jahre herausschlägt.

> »Weil es Dir aufgesetzt ist.«

# Basilisk

Mischwesen aus Hahn, Schlange und Drache mit tödlichem Atem. Hier die Abbildung eines Basilisken, der an der Steinernen Brücke zu Regensburg angebracht ist und dort böse Geister abwehrt. Einen weiteren Basilisken findet man zum Beispiel an der Mariensäule in München.

Seit längerer Zeit sieht man Basilisken in natura recht selten. Begegnet einem trotzdem überraschend einer, so helfen nur zwei Mittel, den König der Schlangen in die Flucht zu schlagen: Er fürchtet sich vor dem Schrei eines Hahnes und vor dem Schweißgeruch des Wiesels!

Da kann ein Kind mitfahren. →

# Der Bulldog

»Bulldog« ist eigentlich ein Produktname der Firma Lanz. Der Lanz Bulldog lief von 1921 bis 1952 noch mit Rohöl. Seitdem wird in Bayern »Bulldog« als Produktsynonym für »Traktor« gebraucht. Die Firma Eicher hatte seit Ende der 50er-Jahre die sogenannte Raubtierreihe im Programm: Leopard (15 PS), Panther (19 PS), Tiger (25 PS) und Königstiger (35 PS).

Obere drei: Originalgetreue Schriftzüge
Unten: Bayrische Bulldogmarken

Röhr
Sulzer

Fendt
Kögel
MAN

Sendling
Alpenland
Bungartz

# Bartleby der Schreiber

Die Hauptperson des Buches »Bartleby der Schreiber« vom amerikanischen Autor Herman Melville hatte vermutlich bayrische Vorfahren. Nachdem ein Rechtsanwalt Bartleby eingestellt hatte, erledigte dieser seine Aufgaben zunächst mit Fleiß und Ausdauer. Plötzlich lehnte er jedoch weitere Aufträge ab mit den Worten »I would prefer not to«, also »Ich möchte lieber nicht« – sehr zum Erstaunen des Auftraggebers. Auf bairisch würde er sagen:

*»Liaber net.«*

## Baader

Franz von Baader, * 27. März 1765 in München; † 23. Mai 1841 ebenda, bedeutender bayrischer Philosoph. Baader verabscheute die Vernunft und setzte auf den Glauben:

*»Der Mensch weiß nicht, was er will. Er will, was er nicht weiß.«*

## Bully

Michael Bully Herbig, * 29. April 1968 in München, Komiker, Schauspieler, Unternehmer, Drehbuchautor. Bekannt wurde er durch die ProSieben-Fernsehsendung »Bullyparade« und die Kinofilme »Schuh des Manitu« und »(T)Raumschiff Surprise – Periode 1«.

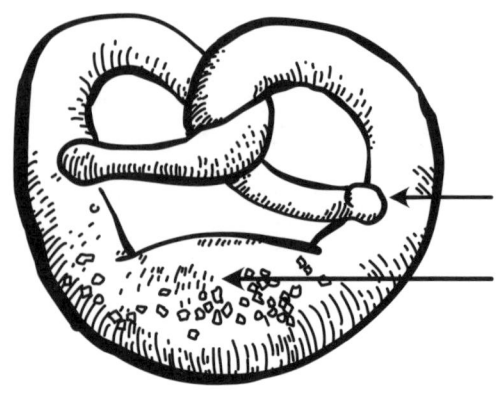

Arme oder Ärmchen

Bauch oder Ausbund. Die bayrische Breze hat einen »wilden Ausbund«. In schwäbischen und badischen Regionen mit einem Schnitt versehen.

- Breze oder Brezn: frisch gebackene
- Brezel: Dauerbreze aus der Packung
- Der Name kommt aus dem lateinischen: »brachium«, »der Arm«.
- Die Breze ist ein sogenanntes Gebildbrot (Bildergebäck). Die Form stellt vor dem Körper zum Gebet verschlungene Arme dar.
- Erfindungsort der Breze: Bad Urach oder Altenriet
- »Back einen Kuchen, lieber Freund, durch den die Sonne dreimal scheint, dann wirst du nicht gehenkt, dein Leben sei dir frei geschenkt.«

# Bier=Fachjargon

Die 16 Prozent **Stammwürze** bedeuten, dass in 1.000 Gramm Bierwürze vor dem Gären 160 Gramm Extrakt enthalten sind.
**Obergärig** heißt, dass eine Hefe für den Gärprozess verwendet wurde, die bei 15 bis 20 Grad wirkt und oben auf dem Sud schwimmt.
**Untergärig** heißt, dass eine Hefe verwendet wurde, die sich im Braukessel unten absetzt und 4 bis 9 Grad zum Gären braucht.

# BEGRÜSSUNGS-MATRIX

STELLEN SIE SICH EINFACH IHRE
FREUNDLICH-DERBE, EVENTUELL ETWAS
SINNENTLEERTE BEGRÜSSUNG AUS
FOLGENDEN FLOSKELN ZUSAMMEN:

| Einleitung | Optionale Überleitung | Anrede, danach evtl. Namen einsetzen, falls bekannt | Verzierung / Zusatzinformation |
|---|---|---|---|
| Jaaa, | des is recht, | da is er ja, der alte Mistgabelbaron | Wie geht's nachert allerweil? |
| Noooo, | oide Wurschthaut, | de alte Hüttn | As Aussenq is ja ausgezeichnet! |
| Sodala, | Du! | de alte Blunzn | Dahoam alls gsund? |
| Habedere, | des konne da scho song | der alte Bandit | Des is recht! |
| Griàs God | i bin da ... | des Watschn= gfries | Grad hab i an Bock drunga, zu dem kannst »Sie« song. |
| Griàs de | daschauher, | der alte Scherm | |
| Servus | wen sig i denn da? | de alte Schäsn | Aaaah! |
| Seàwas | des is ja der/die [Namen einsetzen] | | Nachert sammer beinand. |
| Da schau her! | | | Und? |
| Ja he, | | | Weils wahr is. |
| Sag amal, | | | Hosd me? |
| himme= heàgod=na | | | |

(Anrede-Spalte: "is a scho da!")

# Bass, berühmter

Walter Höfner erfand 1955 eine elektrisch verstärkbare Bassgitarre, die von der Form an einen Kontrabass erinnert, nur viel kleiner. Sie heißt »Höfner 500/1 Violin Bass«. 1961 kaufte sich der Beatle Paul McCartney in Hamburg eine solche. Sie gehört bis heute zu den Wiedererkennungsmerkmalen des Musikers und wird deshalb auch Beatles-Bass oder »Cavern«-Bass genannt.

---
lHöfner stellt bis heute elektrische und akustische Gitarren und Bässe her und sitzt in Hagenau, Mittelfranken. Gegründet wurde die Firma im damaligen Schönbach (heute: Luby. ehemaliges Geigenbauzentrum im heutigen Tschechien).

---

»*I remember going along there, and there was this bass which was quite cheap. I couldn't afford a Fender. Fenders even then seemed to be about £100. All I could really afford was about £30 ... so for about £30 I found this Hofner violin bass.*«

Paul McCartney

# Bloß hi?

Am Bahnhofsschalter:
»Oamoi nach Pasing!«
Schalterbeamter:
»Bloß hi?« – »Ha?«
»Bloß hi?« – »Ja wohi denn?«
»I denk nach Pasing?«
»Oiso! Oamol nach Pasing!« –
»Hergottsackra! Bloß hi??«
»Also guat – damit a Ruah is: Wohi soll i denn blosen?«

*Für die Verzweifelten: Es geht um die Doppeldeutigkeit des gleich klingenden »Nur hin?« und »Blase hin!«.*

# Chopper

**EIN DURCH NATIONALE BOULEVARDMEDIEN SEHR BEKANNTES → GESPENST, DAS SEIT 1981 FAST EIN JAHR LANG IN NEUTRAUBLING (OBERPFALZ) SEIN UNWESEN TREIBEN KONNTE.**

Der Chopper war in die Zahnarzthelferin verliebt und belästigte sie mit Anträgen, Scherzen, Obszönitäten, aber auch wilden Beschimpfungen, die aus allen Ecken der Zahnarztpraxis kamen: aus dem Spuckbecken beim Zahnarztstuhl, aus Toiletten und Waschbecken. Die Patienten konnten diesen Spuk deutlich mithören.

Nach der Enttarnung stellte sich heraus, dass der Zahnarzt gemeinsam mit seiner Frau und der Zahnarzthelferin den Spuk veranstaltet und alle an der Nase herumgeführt hatte! Es gab eine Gerichtsverhandlung, bei der alle mit Geldstrafen belegt wurden. Die Deutsche Bundespost, die die gesamte Telefonanlage ausgewechselt hatte, um sicherzustellen, dass der Spuk nicht technische Ursachen hatte, stellte zum Abschluss der Geschichte eine Rechnung über 35.000 DM (ca. 17.500 EUR). Die Zahnarzthelferin lebt heute mit einer neuen Identität in Regensburg.

> Parapsychologen vermuteten eine Verbindung zwischen der Zahnarztpraxis und dem Jenseits.

# Enrico Caruso

*Tenor, * 1871 in Neapel;*
*† 1921 in Neapel*

Caruso war 1910 das erste Mal für einen Auftritt im Hof- und Nationaltheater in München zu Gast. Der Manager des Tenors wünschte zwischen der großen Arie des Canio **»Lache Bajazzo«** und der Zwischenmusik eine Pause von genau 15 Minuten. Auf die Nachfrage des Münchner Dirigenten, welchen Zweck diese unübliche Unterbrechung habe, antwortete er todernst:

## »In der Pause weint der Meister!«

# CSU

Dem Bayer wird gerne nachgesagt, dass er andere Parteien als die CSU im Großen und Ganzen ablehnt. Diese Annahme fußt wohl auf der Tatsache, dass die CSU von 1962 bis 2008 durchgehend die absolute Mehrheit in Bayern hatte.

# Dackel

Schulterhöhe eines Dackels: 18 – 27 cm

UR-BAYRISCHER HUND. SEINE KURZEN BEINE WURDEN FÜR DIE JAGD AUF DACHSE GEZÜCHTET.

## Dackelarten

| Langhaar | rothaarig |
|---|---|
| Rauhaar | grauhaarig |
| Kurzhaar | meist schwarz-rot-haarig |

Unerschrocken stellt sich der **Dachshund** dem Dachs in dessen Bau entgegen! Dieses starke **Selbstbewusstsein** kann bei einer Konfrontation mit größeren Hunden zum Verhängnis werden. Die Abbildung oben zeigt einen Rauhaardackel.
Und: Ja, man kann (könnte) Dachs essen!

## Dackelgrößen

|  | Brustumfang |
|---|---|
| **Kaninchenteckel** (Kt) | < 30 cm |
| **Zwergteckel** (Zw) | 30 – 35 cm |
| **Teckel** (T) früher Normalteckel | > 35 cm |

## Dackel in anderen Sprachen

| Englisch | wiener, doxie, sausage dog |
|---|---|
| Französisch | basset allemand, chien saucisse, saucisse sur pattes, saucisson à pattes |

# Diskotheken
## ALTE, EHEMALIGE, LEGENDÄRE

Atomic Café München
Babalu München
Bauhaus Landshut
Big Apple München
Blow Up München
Café Capri München
Café King München
Café LiBella Altenmarkt a.d. Alz
Camera Passau
Center Abensberg
Circus Gammelsdorf
Club Mainburg
Club2 München
CoCahalle München
Cracker-Box München
Crash München
Crazy Schwindkirchen

Damage München
Die Registratur München
Disko Blackout Hösacker
Djungle Abensberg
Domicile München
Erste Liga München
Extra zw. Ergoldsbach und Essenbach
Flughafen Riem und Charterhalle München
Gnadenlos Tirschenreuth
Größenwahn München
Holy Home München
Hot Club München
Klappe München
Kulturstation München
Lipstick München
Mandy's Club München
Maximilian's München

P1 München
Pimpernel München
Piper Club München
PN hithouse München
Pop Club München
Rolling Stone Landshut
Rote Sonne München
Roxy Straubing
Scala Regensburg
Studio 54 Grafenau
Sudhaus Regensburg
Sugar Shack München
Tiffany München
Ultraschall München
Why Not München
Wunderbar München
Yellow Submarine München

# Deggendorfer Knödelwerferin

In Deggendorf gibt es einen Knödelbrunnen. Er ehrt die Deggendorfer Knödelwerferin. 1266 war Deggendorf von Böhmen belagert. Die Sage erzählt, dass nach einigen Tagen der Belagerung ein Böhme über die Stadtmauer spitzte, um zu sehen, wie abgemagert die Deggendorfer schon seien. Eine gute Deggendorfer Hausfrau brachte gerade ihrem Mann ein Mittagessen und griff geistesgegenwärtig zu einem Knödel und warf ihn dem Belagerer ins Gesicht. Dadurch hat sie der Sage nach die Stadt gerettet.

# Deformierte Schädel

In Regensburg, Altenerding und Straubing sind in mittelalterlichen Gräbern deformierte Schädel gefunden worden. Im frühen Kindesalter wurden bei ihnen mit Bandagen längliche, turmförmige Kopfformen erzeugt. Es deutet vieles daraufhin, dass es sich bei den Langköpfigen um Zuwanderer aus weit entfernten Gegenden handelt. Vorwiegend waren es Frauen aus dem Fernen Osten. Bei einem weiblichen Fund in Burgweinting bei Regensburg konnte festgestellt werden, dass sie Vorfahren in der Nähe von Nowosibirsk hatte. Bedenkt man die damaligen Verkehrsmittel, wohnte also in Bayern ein faszinierendes multikulturelles Volk.

## Druidenhöhle

Das Schulerloch im Landkreis Kelheim (Niederbayern) ist eine Tropfsteinhöhle, die bis 400 n.Chr. bewohnt war und dann als Ausbildungsstätte für Druiden gedient hat. Seit 60.000 v.Chr. wohnten wahrscheinlich schon Neandertaler in der Höhle, sicher jedoch in der Jungsteinzeit und der Bronzezeit. »Schulerloch« kommt von »Schule«. Die Höhle hat eine sehr gute Akustik, darum finden dort auch regelmäßig Konzerte statt.

## Dürer

*Albrecht Dürer, \* 21. Mai 1471 in Nürnberg; † 6. April 1528 ebenda. Bedeutender Maler, Grafiker und Mathematiker.*

# DRACHENSTICH

In Furth im Wald findet seit mindestens 1590 der Kampf des Guten gegen das Böse in Form des Drachenstichs statt. Die Festspiele werden jedes Jahr vom 2. bis 3. Sonntag im August veranstaltet. Immer mal wieder wird ein neuer Drache hergestellt. Der alte Drache, der von 1974 bis 2010 in Furth umging, wurde durch einen riesigen laufenden High-tech-Roboter ersetzt. Der neue kostete 2,3 Millionen Euro, wiegt 11 Tonnen und ist 15,5 Meter lang. Zum Zeitpunkt der Präsentation war er der weltgrößte Roboter auf vier Beinen und im Guinness-Buch der Rekorde verzeichnet.
→ Lindwurm
→ Tatzelwurm

# Danke

## AUTOMAT MIT FUNKTION

In München, sagt man, waren anlässlich der Olympischen Spiele 1972 Automaten aufgestellt worden, auf denen die Aufschrift zu lesen war:

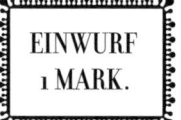

Warf man eine Münze ein, ertönte erst ein leises Schnurren. Dann sagte eine Tonbandstimme: »Danke.«

# Derblecken

Bairisch, etwa »sich über jemanden lustig machen«. Nicht zu verwechseln mit »derb lecken«. Die berühmtesten Derbleck-Veranstaltungen:

| | |
|---|---|
| Politischer Aschermittwoch Passau | findet jedes Jahr am Aschermittwoch statt |
| Nockherberg | findet während der Fastenzeit im Paulaner-Festsaal in München statt |

# Erfindungen von Bayern

| | |
|---|---|
| **Ansichtskarte** | Der Passauer Hoffotograf Alphons Adolph hat die Ansichtskarte erfunden. |
| **Airbag** | Walter Linderer ließ 1951 den Luftsack als Patent anmelden. |
| **Blue Jeans** | Der nach Amerika ausgewanderte Levi Strauss erfand diese Hosen um 1872. |
| **Elfmeterschießen** | 1970 wurde das Elfmeterschießen von Karl Wald erdacht. |
| **Globus** | Martin Behaim erfand 1492 den nun ältesten erhaltenen Globus und nannte ihn »Erdapfel«. |
| **Göffel** | Christian Leberecht Schnabel erfand den Göffel. Quasi als Erfinder der Aktionskunst in Deutschland geltend und gut bekannt mit Karl Valentin, ersann er die Mischung aus Gabel und Löffel. Erich Käster hat ihm sein Gedicht »Die Fabel von Schnabels Gabel« gewidmet. |
| **Mensch ärgere Dich nicht** | Das Brettspiel hat sich der Münchner Josef Friedrich Schmidt im Jahr 1907 ausgedacht. |
| **MP3** | Prof. Hans-Georg Musmann gilt als Vater des MP3-Players. |
| **Fußballschuh** | Adolf »Adi« Dassler erfand 1953 pünktlich für das »Wunder von Bern« den modernen niedrigen Fußballschuh mit Stollen. |
| **Radlermaß mit Trennwand** | Von Markus Michalke aus Weiden. Mischt sich erst beim Trinken. |
| **Relax-Reisekoffer** | Noch etwas unbekanntere Erfindung: ein Koffer mit eingebautem Klappsitz von Johannes von Moreau aus Fürstenzell. |
| **Rollblitz** | Rollender Drahtkäfig am Besenstiel, der das rückenschonende Aufklauben von Obst und Nüssen ermöglicht. |
| **Rollstuhl** | Stephan Farfler erfand den Rollstuhl 1633 für sich selbst. |
| **Röntgen** | Wilhelm Conrad Röntgen entdeckte 1895 die nach ihm benannten Röntgenstrahlen. Er bekam dafür den ersten Nobelpreis für Physik. |
| **Tempo-Taschentuch** | 1929 von den Papierwerken Nürnberg erfunden. |
| **»Ossi« und »Wessi«** | Hans Magnus →Enzensberger verwendete in dem Buch »Ach Europa« (noch in den Schreibweisen mit »ie«) die Wörter für die Bewohner eines noch fiktiven wiedervereinigten Deutschlands. |

# ERSTAUNEN

**BRINGE MIT FOLGENDEN FLOSKELN ERSTAUNEN ZUM AUSDRUCK:**

ÖHA
AGEH!
SAPPRAMENT!
GEHWEIDER!
SAPPERLOTT!
DA LEGST DI NIEDER!
MILEXTAMOASCH!
SAXN DI!

# ENDE

*Michael Ende, \* 12. November 1929 in Garmisch; † 28. August 1995 in Filderstadt-Bonlanden*, Schriftsteller. Bekannt für die Kinderbücher »Jim Knopf«, »Momo«, »Die unendliche Geschichte«. Die Band Tocotronic widmete ihm ein Lied **»Michael Ende, du hast mein Leben zerstört«,** welches auf den Einfluss seiner Bücher auf eine Generation von Jugendlichen anspielt.

# Entstehung von München

Der bayrische Herzog Heinrich der Löwe brauchte Geld. 1158 überfiel er den Markt Föhring, der zu Freising gehörte, und zerstörte die dortige Isarbrücke. Bei der kleinen Siedlung »Munichen« errichtete er eine neue Brücke, bei der er nun Zoll kassieren konnte. Die Beziehung zwischen München und Freising ist seither angeblich angespannt.

---

**Bayrische Ortsnamen, die wie englische Wörter geschrieben werden:**

**Mail**
**Point**
**Rottenegg**
**Valley**
**Walking**

**Kissing**
**Quick**
**Fucking***
**Riding**
**Train**

---

*) heißt jetzt »Fugging«. Ist aber nicht mehr so lustig...

2002 soll sich folgende Geschichte in einem bayrischen Museum zugetragen haben: Ein italienischer Tourist zahlt an der Museumskasse sein Ticket. Natürlich in Euro. Die Kassiererin schaut sich lange das hingelegte Geld an und verkündet: »Mir nemma bloß deitsche Euro.«

## Enzensberger

Hans Magnus Enzensberger, * 11. November 1929 in Kaufbeuren, Dichter, Schriftsteller, Universalgelehrter. Wahrscheinlich →Erfinder der Worte »Ossi« und »Wessi«. Bestseller, den er aus Versehen geschrieben hat: »Der Zahlenteufel«, in dem er sich für seine Tochter mit dem Mathematikunterricht auseinandersetzt.

## Einhein, da Leint ja mein Schirbe!

Falsche Rückübersetzung ins Schriftdeutsche für: »Aha, da loant ja mei Schirm!«

## Erhard

Ludwig Erhard,* 4. Februar 1897 in Fürth; † 5. Mai 1977 in Bonn, Bundeskanzler der BRD, CDU-Politiker, »Erfinder« der Sozialen Marktwirtschaft.

**Foosenacht Foosanaacht Foschen Foosnd Faasenacht Foosenoocht Faasnacht Faasnet Fousnet Fasching Fasnacht Foscheng**

*Verschiedene Namen für Fasching*

# Fesl

Alfred »Fredl« Fesl, * 7. Juli 1947 in Grafenau, ist ein bayrischer Dichter, Musiker und Sänger. Außerdem hat er die Schunkelhilfe erfunden: eine Art Plastikwandl, auf dem man sitzt und das die seitliche Bewegung des Oberkörpers erleichtert.

POPULÄRE
*Füllwörter*

Das Repertoire an Füllwörtern ist Grundlage für ein glaubwürdig-bairisches Gespräch:

gell  ha?  ne!
gelln S  net wahr
Mei  fei
Öha

# Helmut Fischer

Die Wohnung von Monaco Franze und seiner Frau Annette von Soettingen befindet sich in der Agnesstraße 16 in Schwabing. Der Antiquitätenladen von Frau von Soettingen ist in der Fürstenstraße 10 in der Maxvorstadt. Dort werden auch in Wirklichkeit Antiquitäten verkauft.

Helmut Fischers Karriere startete spät. Vorher arbeitete er unter anderem auf der Münchner → Wiesn bei der »Zuban-Schau« als Hinterteil eines Zebras.

*15. November 1926 in München; † 14. Juni 1997 in Riedering/ Chiemgau, Schauspieler. Berühmt in der Rolle des »Franz Münchinger«, genannt Monaco Franze, in der Fernsehserie
**»Monaco Franze – Der ewige Stenz«**
(Idee Helmut Dietl, Patrick Süskind und Franz Geiger).

## *französische Sprachrelikte*
### IN DER BAIRISCHEN SPRACHE

| | | | |
|---|---|---|---|
| **Measse!** | merci | **Blafon** | Plafond Zimmerdecke |
| **Sakradi! Saxn Di!** | sacré dieu »heiliger Gott« | **Blamasch** | Blamage peinliche Begebenheit |
| **Bodschamperl** | pot de chambre Nachttopf | **Ampaschur** | Embouchure Ansatz beim Blasinstrument |
| **Trottoar** | Trottoir Bürgersteig | | |

# Flüsse

## Hauptflüsse mit Nebenflüssen in Bayern

| Fluss | Rechte Nebenflüsse | Linke Nebenflüsse |
|---|---|---|
| Donau | Iller, Lech, Isar, Inn | Wörnitz, Altmühl, Naab, Regen, Ilz |
| Main | Schorgast, Rodach, Itz, Wern, Fränkische Saale, Nassach | Weißmain, Aalbach, Tauber, Regnitz |
| Saale | Obere Regnitz (Südliche Regnitz) | Untere Regnitz (Nördliche Regnitz), Selbitz |
| Eger | Bregenzer Ach | Weißach |

## Ottfried Fischer

\* 7. November 1953 in Ornatsöd, Schauspieler und Kabarettist. Bekannt durch seine Rollen »Sir Quickly« (Irgendwie und Sowieso), »Benno Berghammer« (Bulle von Tölz) und aus der Kabarettsendung des Bayerischen Rundfunks »Ottis Schlachthof«.

## FINDLING

Ein Teil der Alpen wurde in grauer Vorzeit über Bayern verteilt. Früher meinte man, dass Riesen die Steine in die Luft geworfen hätten. Später wurde herausgefunden, dass während der letzten Eiszeit Gletscher die riesigen Steine bis ins weite Alpenvorland schoben. Heute nennen wir sie Findlinge.

# *Föhn*

Beim Föhn handelt es sich um eine weltweit einzigartige, nur in Bayern existierende Witterungserscheinung, die beim Menschen zu allerlei Symptomen führen kann: Kopfweh, Schwindel, Trunksucht, Schlappheit, Müdigkeit, geschwollene Krampfadern, Streitlust mit Kampfkrug-Einsatz im Biergarten. Verursacher von alldem und noch viel mehr ist der warme Fallwind, der von den Alpen herunterfällt: der Föhn.

*»Da kriagst an Föhn!«*

# Fagottsolo

Eine Dame saß neben dem berühmten Komponisten Max Reger im Konzert. Nach einem ausgiebigen Fagottsolo fragte die Dame: »Erzeugt der Musiker all diese Töne mit dem Mund?«

*»Hoffen wir's, gnädige Frau!«*,

antwortete Reger.

# Ludwig Feuerbach

(* 28. Juli 1804 in Landshut; † 13. September 1872 in Rechenberg bei Nürnberg) war ein bedeutender Philosoph und Anthropologe und Religionskritiker, der unter anderem stark auf Karl Marx wirkte.

Cafe Meineid

**DER KAISER VON SCHEXING**

Der Millionenbauer

Der Schwammerlkönig

**DIE HAUSMEISTERIN**

Die seltsamen Methoden des Franz Josef Wanninger

FAMILIE MEIER

Geschichten aus dem Nachbarhaus

**HANS IM GLÜCK**

Irgendwie und Sowieso

KIR ROYAL

Komödienstadel

Königlich Bayerisches Amtsgericht

Löwengrube

**MEISTER EDER UND SEIN PUMUCKL**

Monaco Franze

MÜNCHEN 7

Münchner Geschichten

**Polizeiinspektion 1**

Rußige Zeiten

TATORT

Unsere schönsten Jahre

Zum Stanglwirt

**ZUR FREIHEIT**

**FERNSEHSERIEN**

# FALSCHE FREUNDE

## VERMEIDEN SIE MISSVERSTÄNDNISSE!

| Falscher Freund | Heißt nicht | Eigentliche Bedeutung |
|---|---|---|
| **Boana** | Beine | Knochen |
| **derblecken** | derb lecken | verhöhnen, verspotten |
| **Fotzn** | Vulva | a) Gesicht<br>b) → Watschn, also eine Backpfeife, Ohrfeige. *Glei griagst a drum Fotzn.* |
| **Fuaß** | Fuß | Im Bairischen heißt das ganze Bein »Fuß« – von der Zehe bis zum Hintern. |
| **Hafen/Hafer** | Hafen/Hafer | schmuckloses Gefäß, verkleinert: *Haferl*, oft auch unschöne Frau |
| **hirichtn** | hinrichten | ordentlich arrangieren. *A Bluma sche hirichtn* |
| **Hirn** | Hirn | kann auch »Hirn« heißen, meint aber oft »Stirn« |
| **Krampf** | Krampf | Blödsinn |
| *das* **Mandl** | Mandel | Männchen |
| *das* **Mensch** | Mensch | Mädchen (evtl. liederlich). *Des is mei Mensch.* |

| | | |
|---|---|---|
| **schmatzen** | mit Begleitgeräuschen essen | plaudern, reden |
| **schmecken** | schmecken | riechen *Der schmeckt an Schoaß in der Finstern.* |
| **schoppen** | einkaufen | schieben, stopfen *As Hemad in d' Hosn schoppen* |
| **soacha** | suchen | urinieren (seichen) |
| **Trumm** | Trümmer | etwas Großes. *A Trumm Schweiners* |

# Fassbinder

Rainer Werner Fassbinder, * 31. Mai 1945 in Bad Wörishofen, Bayern; † 10. Juni 1982 in München, Pseudonym: Franz Walsch, Regisseur, Filmproduzent, einer der wichtigsten Vertreter des Neuen Deutschen Films. Er schrieb Fernsehgeschichte mit der mehrteiligen Fernsehserie »Berlin Alexanderplatz«, die auch als 15,5-Stunden-Film gezeigt wurde.

# FRG

**ABKÜRZUNG FÜR: FREIE RENN-GEMEINSCHAFT.**

Wie bei den meisten Autonummern, die mit drei Buchstaben beginnen, sind auch beim Anblick dieser Buchstabenkombination sofort Vorsichtsmaßnahmen zu ergreifen. Als Fußgänger auf der Landstraße verlässt man beispielsweise auf der Stelle die Fahrbahn! Offiziell heißt FRG Freyung-Grafenau.

# Fortunatus

Der Priester Venantius Fortunatus wollte um 576 von Ravenna aus das Grab des heiligen Martin von Tours besuchen. Was soll man sagen… er lernte die Bajuwaren kennen. Es handelt sich bei der Beschreibung um den ersten sicheren Beleg, der die Bajuwaren erwähnt:

*»Wandere hin über die - Alpen, wenn dir der Baiuware am Lech nicht den Weg versperrt.«*

# Floß

Ein fast vergessenes Verkehrsmittel ist das Floß. Jeweils Montag und Freitag konnte man um 7.00 Uhr von Mittenwald per Floß nach München reisen. Heutzutage fahren diese Verkehrsmittel nur noch als Amüsement. Damals wurde es zum Transport von Handelsgütern benutzt .Zwischen 1860 und 1876 landeten in der Hauptstadt fast jedes Jahr 8 000 Stück.

## Erika Fuchs

(* 7. Dezember 1906 in Rostock; lebte und wirkte in Schwarzenbach an der Saale, † 22. April 2005 in München) war von 1951 bis 1988 für die Übersetzung aus dem Englischen u. a. der Zeitschrift »Micky Maus« zuständig. Nach ihr benannt ist der vor ihrem Einfluss auf die deutsche Sprache selten gebrauchte Inflektiv, der »Erikativ«:

SCHLUCK!
STÖHN!
GRÜBEL!
ZITTER!

# Fingerhakeln

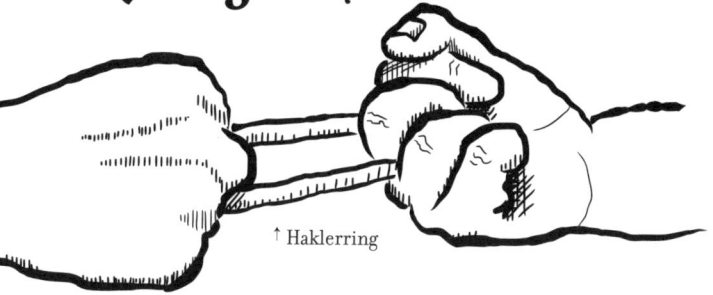

↑ Haklerring

Beim Fingerhakeln, einer bayrischen Kraftsportart, sitzen sich zwei FingerhaklerInnen auf zwei Hockern an einem Tisch gegenüber (109 cm lang, 74 cm breit, 79 cm hoch, an beiden Tischkanten Schaumstoff oder Ähnliches). Sie haken sich mit einem Finger in den **Haklerring** (Lederriemen, 10 cm lang, 6–8 mm stark). Gewonnen hat der, der den anderen mit vollem Körpereinsatz über den Tisch gezogen hat – daher kommt auch die Redewendung »*Jemanden über den Tisch ziehen*«.

Sehr gute Fingerhakler können **150 Kilo mit einem Finger** heben.

---

## *fei* [fẽi]

Eine umgangssprachlich sehr häufig gebrauchte, bairische sogenannte »Abtönungspartikel« ohne direkte hochsprachliche Übersetzung.
In etwa: *ja, doch, gewiss, nur, überhaupt*:

> *»Paß fei
> ja auf!«*

(*Im Sprachwissenschaftlichen ist »die Partikel« tatsächlich feminin.*)

# Fastenzeit

**MIT DEM ASCHERMITTWOCH BEGINNT DIE FASTENZEIT. KEIN FLEISCH, KEIN SPECK, KEINE EIER, KEIN ALKOHOL.**

In Klöstern wurde deshalb überlegt, was denn alles kein Fleisch sei. Der Biber und der Fischotter zogen diesen Verdacht auf sich, und siehe da: Sie rochen tatsächlich nach Fisch.

*»Die Gewohnheit, welche die Biber haben, den Schwanz und den ganzen Hintertheil des Körpers beständig im Wasser zu halten, hat, wie es scheint, die Natur ihres Fleisches geändert. Das Fleisch der vordern Theile bis an die Nieren hat die Beschaffenheit, den Geschmack und die Festigkeit von dem Fleische der Thiere, die in der Luft und auf dem Lande leben. Das von den Schenkeln und dem Schwanze hat den Geruch, Geschmack und alle Eigenschaften des Fisches.«*

Aus einer Enzyklopädie des 18. Jahrhunderts

## Rezept für einen ganzen Biber

**AUS DEM REGENSBURGER KOCHBUCH VON MARIE SCHANDRI**

Man zerlegt den Biber in kleine Stückchen, gibt Schmalz in eine Kasserolle, klein geschnittene Zwiebeln und Citronenschalen, gibt das Fleisch darauf und dämpft es weich, wobei man öfter Essig und Erbsenbrühe, zuletzt auch etwas Mehl, fein geschnittene Sardellen und ein Glas Wein dazu gibt. Die Brühe muß kurz einkochen.

Geburtstag der
→Weißwurst

* 22. Februar 1857
in München

## Flüche:
→Schimpfwörter

# Gespenster, Geister und Kobolde

→ Anhalterin von Ebersberg

→ Chopper

Holzweiberl

Trud

Schraz

Hebergoaß

Krampus

Percht

Windbraut

Sturmdämone

Nebelfrau

→ Schebberer

Schneegespenst

Bluadiger Thamerl

Wouzelbär

Wuide Bärbl

Schiacher Lutz

# GEBÄUDE

## SCHÖNE, EINDRUCKSVOLLE, BESONDERE

NEUES RATHAUS MÜNCHEN

SCHLOSS NEUSCHWANSTEIN

NÜRNBERGER TURM
SCHWARZES H

STADTTURM
STRAUBING

STEINERNE BRÜCKE VON REGENSBURG INCL. BRUCKMANDL IN DER MITTE

BAYERN SAMMELSURIUM 55

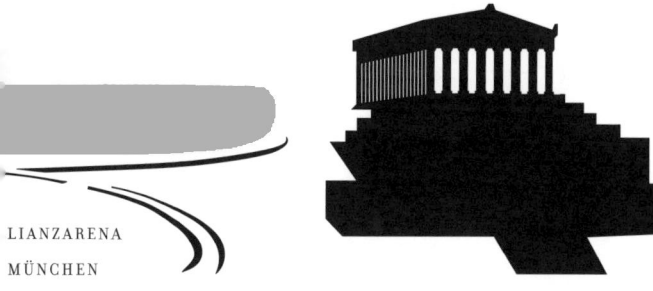

LIANZARENA
MÜNCHEN

WALHALLA DONAUSTAUF

MARIENBURG WÜRZBURG

DOM ST. PETER
REGENSBURG

SCHLOSS NYMPHENBURG MÜNCHEN

ST. MICHAEL
BAMBERG

# GESCHICHTLICHE

|  |  |
|---|---|
| **um 500 n.Chr.** | Nach der Herrschaft der Römer nennen sich die vielen angesiedelten Bevölkerungsgruppen Baio-Warioz (Stamm der Bojer. Waro bedeutet Mann) |
| **um 600** | Bayern wird Herzogtum |
| **1158** | Heinrich der Löwe gründet München |
| **ab 1180** | Wittelsbacher regieren Bayern |
| **1301-1347** | Ludwig der Bayer wird deutscher König und Kaiser |
| **23. April 1516** | Das Reinheitsgebot fürs Bierbrauen tritt in Kraft |
| **1662-1726** | Unter Kurfürst Max Emanuel entfaltet sich in Bayern die Pracht des Barock |
| **1800-1815** | Die schwäbischen und fränkischen Gebiete kommen zu Bayern |
| **1806** | Bayern wird Königreich |

# Gottschalk

Thomas Gottschalk, * 18. Mai 1950 in Bamberg, Radiomoderator beim Bayerischen Rundfunk (B3-Radioshow am Nachmittag) später Fernsehmoderator (Thommys Pop-Show, Na sowas!, Wetten, dass..?)

# Gernstl

*Franz Xaver Gernstl, * 26. Februar 1951 in Jenbach, heute Ortsteil von Bad Feilnbach, Dokumentarfilmer, der seit über 30 Jahren in seiner Reportagereihe »Gernstl unterwegs« mit dem selben Filmteam Leute besucht und sie spontan in Gespräche verwickelt.*

# Gschaftlhuaba:

begeisterter Teilnehmer der Leistungsgesellschaft

# ÜBERBLICK

HEUTE

**1825–1848** König Ludwig I. macht Bayern zum Zentrum für Künste und Wissenschaften

**1835** Erste deutsche Eisenbahnstrecke zwischen Nürnberg und Fürth

**1854** Johann Conrad Develey erfindet den süßen Senft

**22. Februar 1857** Die Weißwurst wird erfunden

**1864–1886** König Ludwig II., der Märchenkönig

**1918** Bayern wird Freistaat

**1933–1945** Bayern verliert im Nationalsozialismus seine Eigenstaatlichkeit

**1946** Verfassung für den Freistaat Bayern

**1972** Olympische Spiele in München

# Grant

### DER BLUES DES SÜDENS *

Grant kommt wahrscheinlich von althochdeutsch »grinan«, murren, knurren, den Mund verziehen. Den Bayern wird das Granteln als grundlegender Wesenszug unterstellt. Wer den Grant hat, der »grantelt«.

*) Aus dem Buch »Grant« von Thomas Grasberger

## Mögliche Grantel-Themen wären:

| | |
|---|---|
| Postfilialen | Was es da für überflüssiges Zeug in den Filialen gibt / Mitarbeiter an und für sich |
| Wirtshäuser | Bierpreis / Getränkeabfüllmenge |
| Moderne Architektur | Aussehen / Wohlfühlfaktor ... |
| Dialekt | Keiner spricht ihn (mehr). / Zu viele, die ihn nicht beherrschen, sprechen ihn. |
| Laubbläser | im Allgemeinen und im Speziellen |
| Internet | Jeder gibt seinen Senft dazu / Lauter Panik |

# Goaßgschau

Ein »einfach nur Da-Sein«. Wörtlich »Schauen wie eine Geiß«. *As Goaßgschau ham* (Das Geißgeschau haben). Eine **Meditationstechnik** des Bayern, z.B. im Biergarten.

# Grantler

Ein Mensch am Übergang vom **Nörgler zum Philosophen**. Jemand, der grantelt, also mit mehr oder weniger Spaß die Schlechtigkeit der Menschheit, die Schwierigkeit des Lebens etc. kommentiert.

# Grattler

Finanziell unterdurchschnittlich aufgestellte Personen. **Grattlervilla:** Wohnwagen. Nicht zu verwechseln mit dem Grantler.

# Großkopferter

Machthabender, geldiger, kurzhalsiger oder **halsloser Bonze**. Oft mit Doppelkinn und/oder Stiernacken.
»*De do om.*« Die da oben.

# Guglmänner

Lange schwarze Umhänge, schwarze Kapuzen und Handschuhe: So treten die Guglmänner in Erscheinung. Traditionell schritten sie bei Beerdigungen von bayrischen Königen dem Sarg voraus. Der **Geheimbund** sieht seine Bestimmung darin, die Lebenden an den Tod zu erinnern. **Wahlspruch** der Guglmänner ist »Media in vita in morte sumus« – »Mitten im Leben sind wir vom Tod umgeben«.

# Großglockner

Bayrischer Bergführer: »Schaung S' da amal scharf hi,
erkennen S' da an feinen weißen Punkt am Horizont?«
Tourist: »Nein.«
»Des is da Großglockner.«

*gell* wichtige bairische sogenannte »affirmative Interjektion«. Gell heißt so viel wie »nicht wahr?«. Es gibt auch noch die Höflichkeitsform »gelln S'«, also »gellen Sie?«.

# Hauser Kaspar

## Ein rätselhafter junger Mann, der am 26. Mai 1828 auf dem Nürnberger Unschlittplatz auftaucht: Kaspar Hauser

Er sprach nur den einen Satz: »Ä *sechtene Reiter möcht ih wähn, wie mei Vottä gwähn is.*«
Am 14. Dezember 1833 wurde er ermordet. Seitdem herrscht Rätselraten. Es wurde vermutet, dass Kaspar Hauser der Sohn des badischen Großherzogs Karl und seiner Frau Stephanie Beauharnais war. Nach eigenen Aussagen war er bis zu seinem Auftauchen bei Wasser und Brot ganz allein in einem dunklen Raum gefangen gehalten worden.

# Herzen der Könige

In der Altöttinger Gnadenkapelle sind die Herzen vieler Mitglieder des Hauses Wittelsbach bestattet. Diese Herzen befinden sich dort:

- ♥ **1 Herz von einem Kaiser**
- ♥ **6 Herzen von Königen**
- ♥ **3 Herzen bayrischer Kurfürsten**
- ♥ **11 Herzen fürstlicher Frauen**
- ♥ **5 Herzen von Bischöfen, sowie**
- ♥ **2 Herzen von anderen fürstlichen Personen**

## Werner Heisenberg

\* 5. Dezember 1901 in Würzburg; † 1. Februar 1976 in München, Physiker, formulierte 1927 die heisenbergsche Unschärferelation, eine Kernaussage der **Quantenmechanik**. Nach Heisenberg benannte sich auch der überqualifizierte Chemielehrer und Drogenboss **Walter White** aus Albuquerque in der Fersehserie »Breaking Bad«.

## Hirnwurst/Gelbwurst

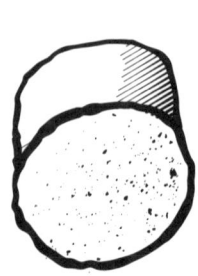

Brühwurst, fein, großer Durchmesser, als Aufschnitt serviert. Die klassische Kinder-Geschenk-Wurst beim Metzger: »Da, griagst a Radl Gelbwurscht.« – Mutter: »Wia sagt ma denn da?!«

> **Himmi harrschaft sakrament zefixalleluja milextamarsch scheißglump varrecktz!**

Jmd. spricht über eine Gerätschaft, die verweigert, ihre Funktion zu erfüllen.

## Henker, letzter

Johann Reichhart (* 1893, † 1971) war Bayerns letzter Henker. Er übte seinen Beruf in der Weimarer Republik, im Dritten Reich und in der Nachkriegsdemokratie aus.

»A Hund bist scho!« wörtlich: »Ein Hund bist du schon!«, ist aber als Lob zu verstehen: Du bist ein Tausendsassa! Äquivalent zu »A Matz is' scho« für Frauen.

## HÖCHSTER BACKSTEINTURM DER WELT

Der höchste Backsteinturm der Welt steht in Landshut. Er misst **130,6 Meter** und gehört zu der spätgotischen Martinskirche. Von Mai bis November kann er bestiegen werden.

## Huraxdax packs bei der Hax

*[huràxdàx] Schwungvoll klangvoller Nonsens: Teufel! – packe sie am Bein!*

## Herzog

Werner Herzog, * 5. September 1942 in München, Filmregisseur, Opernregisseur und Autor. Bedeutender Vertreter des »Neuen deutschen Films«. Eventuell einziger Freund von Klaus Kinski, mit dem er viele Filme drehte, z.B. **» Aguirre, der Zorn Gottes«** oder **»Fitzcarraldo«**, bei dem ein riesiges Schiff über einen Berg gezogen werden musste.

## humplmayr

Reproduktion des Logos vom Restaurant Humplmayr auf einer Speisekarte von 1956. Das Feinschmeckerlokal gab es von 1915 bis 1972 am Maximiliansplatz 16 in München.

# JODELKURS

ALS JODELN BEZEICHNET MAN DAS SINGEN OHNE TEXT MIT EINEM SCHNELLEN UMSCHLAGEN ZWISCHEN BRUST- UND FALSETTSTIMME.

*Hodl - oo - uu - dii*

*Hodl – o – ✔ ui – ↘ dii*
*Hodl – je – ✔ ii – ↘ dii*
*Hodl – ooo - ✔ uui – ↘ dii*
*Hodl – je – ✔ dii – ↘ jei – ↘ ho.*

Das davon abgeleitete Wort Jodler bedeutet entweder »was geschieht, wenn jemand jodelt« (Nomen Actionis), oder es bezeichnet »einen Menschen, der jodelt« (Nomen Agentis).

Es soll laut und kräftig aus tiefster Tiefe ohne Anstrengung gesungen werden. Sprung in die Kopfstimme (eine Oktav höher) wie angedeutet!

# Gasthof Humplmayer

Reproduktion des Original-Schriftzuges am Haus der Truderinger Str. 130 in Berg am Laim, München, wo sich früher der Gasthof Humplmayer befand. Das Haus wurde 2012 abgerissen.

# Illuminaten

Der Illuminatenorden (illuminati: »die Erleuchteten«) wurde vom geborenen Ingolstädter Adam Weißhaupt ebenda gegründet. Es gibt folgende Verschwörungstheorien:

- George Washington wurde ermordet und von Weißhaupt ersetzt.
- Der Begriff »Flower Power« geht auf den Illuminatenspruch »Ewige Blumenkraft« zurück.
- Der Weißkopfseeadler soll auf Washingtons Anregung hin zum Wappentier der Vereinigten Staaten gewählt worden sein, um an Weißhaupt zu erinnern.

## Konnersreuther Resl

Therese Neumann, in der Nacht zum Karfreitag 1898 in Konnerstreuth geboren, †18. Sept., ebenda.. Erblindete 1919, ab 1923 wieder sehend. Sie blutete angeblich aus den Augen und trug die Wundmale Christi.

## Klenze

Einige Bauten des Architekten Leo von Klenze:
WALHALLA bei Regensburg
BEFREIUNGSHALLE in Kelheim
Und in München:
MARSTALL, KÖNIGSPLATZ, LUDWIGSTRASSE, GLYPTOTHEK, HASLAUER-BLOCK, RUHMESHALLE, ALTE PINAKOTHEK, RESIDENZ.
Klenze gestaltete ATHEN im Stil des Klassizismus, diese Neugestaltung ist allerdings weitgehend verschwunden.
Im Palais Leuchtenberg wurde der erste geruchlose BEWEGLICHE ABTRITT (Toilettenkonstruktion zur Beseitigung der menschlichen Fäkalien) Deutschlands verbaut.

# Xaver Krenkl

*Altmünchner Original, Rennstallbesitzer, Pferdezüchter und Veranstalter des Oktoberfest-Turniers.*

Bleibende Berühmtheit erlangte Krenkl, als er die Kutsche von Kronprinz Ludwig im Englischen Garten überholte – das war strengstens verboten, niemand darf schneller fahren als der Kronprinz! – und ihm dabei zurief:

*»Majestät, wer ko, der ko!«*

Auf Hochdeutsch: »Majestät, wer kann, der kann!« Der Ausruf wurde zum geflügelten Wort.

---

Ein Graf meinte einmal, der berühmte Pferdehändler Krenkl habe einem vorgeführten Pferd Pfefferkörner in den After getan, weil es den Schweif so schön hoch trug. »Herr Graf«, rief Krenkl verletzt, »etz zutzln S' amal, und wann S' a oanzigs Pfefferkörndl nausbringen, dann ghört des Pferdl Eahna!«

---

# Kneipp

*Sebastian Kneipp, \* 17. Mai 1821 in Stephansried; † 17. Juni 1897 in Wörishofen,* katholischer Priester, Begründer des nach ihm benannten Naturheilverfahrens mit Wasserkuren, nicht aber der Kneipe.

# Kartln

KARTENSPIELEN

Schafkopfen
→ Watten
Neinerln
Grasoberln,
Haferltarock
Wallachen
Arschloch
Martern
Lügen

Kartenspielerbegriffe:

| | |
|---|---|
| bratzln, bscheißn | allgemein betrügen |
| neischaun | dem anderen in die Karten sehen |

# KNÖDEL

[KNEDL] RUNDES, DIE UNENDLICHKEIT
DES UNIVERSUMS ANDEUTENDES
KARTOFFEL- ODER MEHLGERICHT.

Außerdem erinnert die Form an die männliche Zeugungskraft, die nährende weibliche Brust, den Planeten Erde und die Umlaufbahnen der Planeten. **Rundheraus:** der absolute Mittelpunkt der bajuwarischen Küche und somit Zentrum der Lebensfreude und Philosophie des süddeutschen Völkchens.

### Semmelnknödeln*

5 altbackene Semmeln in Scheiben geschnitten, 250 ml Milch, 2 Eier, 1 EL Butter, 1 kleine Zwiebel, gehackt, Salz und Pfeffer, Muskat, 2 EL gehackte Petersilie vermengen, Knödel formen.
Manche dämpfen sie, manche lassen sie im heißen Wasser 15 Minuten ziehen.

### Kartoffelnknödeln*

1 ½ kg Kartoffeln schälen und waschen. Eine Hälfte davon mit Wasser bedeckt in einer Schüssel beiseitestellen. Die andere mit gesalzenem Wasser bedeckt 20 Minuten kochen lassen. Abgießen und abkühlen lassen. Die rohen Kartoffeln reiben und ausdrücken. Die gekochten Kartoffeln draufreiben und mit Mehl, ein bisschen Salz und den Eiern mischen. Knödel formen und in nicht mehr kochenden 2,5 Litern leicht gesalzenen Wassers ziehen lassen.

Die Knödel sind fertig, wenn sie nach oben steigen.

*) Hier wird die korrekte, von Karl Valentin vorgeschlagene Schreibweise verwendet. Die Mehrzahl »Semmeln« und »Kartoffeln« ist richtig, da praktisch nie aus nur einer Semmel oder einer Kartoffel Knödeln hergestellt werden. (Sonst wären die Knödel nur so groß wie Mottenkugeln.)

# KÄSE!

**EINIGE KÄSESORTEN AUS BAYERN**

- Allgäuer Emmentaler
- Bayrischer Butterkäse
- Bierkäse
- Ettaler Klosterkäse
- Obatzda
- Oberstdorfer Bergkäse
- Weinkäse
- Weißlacker

# Kälberne Küche

Im Jahr 1840 wurden in München 79 979 Kälber verzehrt. Das ist bei einer Einwohnerzahl von 83 000 (und eventuell einigen Vegetariern) ungefähr **ein Kalb pro Person**.

# KIACHL!

»KÜCHLEIN«, KLEINER KUCHEN

*auch Kiacherl, Schmalznudel, Auszogne.* Ein Kiachl besteht aus Hefeteig. Er wird über dem Knie ausgezogen, sodass sich eine runde Form ergibt, in der Mitte ganz dünn und am Rand ein Wulst. Im heißen Schmalz schwimmend werden sie herausgebacken. →Schmalznudel

# KANDINSKY

*Wassily Kandinsky, *4. Dezember in Moskau; †13. Dezember 1944 in Neuilly sur Seine, Frankreich.* Abstrakter Maler, lebte und studierte in München, lebte lange Zeit in Murnau. Am 18. Dezember 1911 wurde die erste Ausstellung der Gruppe »Der Blaue Reiter« in München eröffnet.

# LOCH

(schematische Zeichnung)

Das tiefste zugängliche Loch der Welt ist in Windischeschenbach nördlich von Weiden. »Das kontinentale Tiefbohrprojekt Windischeschenbach«. Der nur 83 m hohe Bohrturm bohrte vom 6. Oktober 1990 bis 12. Oktober 1994 **9101 m tief**. Das ist bei einem mittleren Erddurchmesser von 12.742 km immerhin **0,0714 % der Erde.** Zahlreiche Wissenschaftler haben in mehreren tausend Veröffentlichungen Ergebnisse aus dem Loch publiziert.

# Erich Kästner

*23. Februar 1899 in Dresden; †29. Juli 1974 in München, Wahlbayer seit 1945. Schriftsteller, bekannt für seine Kinderbücher »Emil und die Detektive«, »Das doppelte Lottchen« und »Das fliegende Klassenzimmer« und seine treffenden zeitkritischen Gedichte.

# Leuchtturm

Der einzige Leuchtturm Bayerns steht am Bodensee an der Einfahrt zum Hafen von Lindau.

# Lange und kurze Wörter

**Lange Wörter**

| | |
|---|---|
| Babbadecklschachterl | Kleine Pappschachtel |
| Blechhollermannsquetschn | Akkordeon |
| Bredsnschdangal | Brezenstange |
| Bschdeggschublon | Besteckschublade |
| Bschoaddiachal | Tuch zum Einwickeln der Wegzehrung |
| Dahoamumanandgwand | Hauskleid |
| (do) dadadadadiaschdn | in dem Fall würde ich dir verdursten |
| dodadaramaraschdinga | da würde ich mich auch ärgern |
| dohoggadedodewooiwaidohogga | Stammtisch hier ist der |
| Drambahnrizznreinigungsweiwal | Trambahnritzenreinigungsfrau |
| Reimodeiter | Blinker (Kurvenandeuter) |
| Fichtnmoped | Motorsäge |
| Nosnrammlfressa | Nasenpopelesser |
| aschlengsduachnzaunzong | rückwärts durch den Zaun gezogen |
| stockmauernfinster | sehr dunkel |
| vertrallermanshiert | verlegt |
| Lenewendentumbrozenda! | Lene, dreh die Ente um, brate sie auf der anderen Seite auch noch! |

**Kurze Worte**

| | |
|---|---|
| i | ich |
| a | ein, eine, auch |
| o | ab |

# Legen- den

## LEGENDÄRE MUSIKER UND WANN SIE IN BAYERN AUFGETRETEN SIND

## Karlstadt

Liesl Karlstadt, bürgerl. Elisabeth Wellano, * 12. Dezember 1892 in München; † 27. Juli 1960 in Garmisch, Schauspielerin und Schauspielpartnerin von Karl Valentin, mit dem sie zusammen das bedeutendste Komikerduo des 20. Jahrhunderts bildete. Ihr und Valentin ist das Valentin-Karlstadt-Musäum gewidmet. (→Museen)

| | | |
|---|---|---|
| **Jimi Hendrix** | 08.-11. Nov. 1966 | Big Apple, München |
| | 16. Mai 1967 | Big Apple, München |
| | 15. Januar 1969 | Deutsches Museum, München |
| | 16. Januar 1969 | Meistersingerhalle, Nürnberg |
| **Beatles** | 24. Juni 1966 | Circus Krone, München. Im Rahmen der »Bravo-Beatles-Blitztournee« zwei Konzerte , die je ungefähr eine halbe Stunde dauerten |
| **Beach Boys** | 2. Nov. 1966 | Circus Krone, München |
| | 9. Mai 1972 | Kongress-Saal im Deutschen Museum, München |
| | 17. Juni 1993 | Rudi-Sedlmayer-Halle, München |
| | 26. Juni 1999 | Sommerfest (Mike & Bruce), Amberg |
| | 13. July 2003 | Tollwood Festival (Mike & Bruce), München |

# Ludwig II. von Bayern
## KURZ »LUDWIG ZWO«

war ein deutscher Fürst und König von Bayern (1864–1886) aus dem Fürstenhaus Wittelsbach. Berühmt durch seine imposanten Schlossbauten wie z. B. Schloss Neuschwanstein.
»Der Märchenkönig«

## Sammelsurium des König Ludwig II:

✢ Er ließ sich in der künstlichen blauen Grotte unter dem Schloss Linderhof in einer riesigen goldenen Muschel herumrudern.
✢ Er ließ 1878 die erste Wetterstation in München errichten: Die Meteorologische Centralstation.
✢ Er hatte ein geschnitztes Klo auf Neuschwanstein, das aussieht wie ein Thron.
✢ Er hatte mehrere → versenkbare Tische.
✢ In Neuschwanstein sind ein künstlich illuminierter Sternenhimmel im Schlafzimmer und eine Regenbogenmaschine zu bewundern.

# Leberkas

## BRÜHWURST IN ECKIGER PASTETENFORM, GEBACKEN, OHNE HAUT

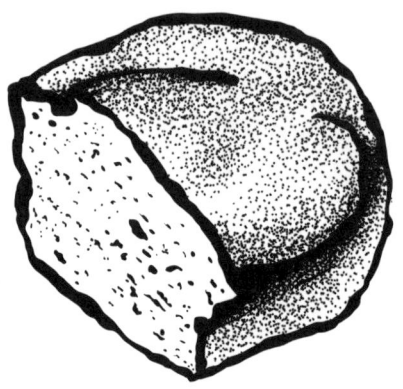

> Man nennt den Leberkäs wegen seiner weichen Beschaffenheit »Beamtenripperl«.

Der Leberkäs enthält in Bayern keine Leber und natürlich auch keinen Käse, quasi perfekte bayrische Logik! Außerhalb von Bayern muss er Leber enthalten, sonst würde er dort »Fleischkäse« heißen – so weit, so klar! Das Wort »Leberkäse« ist wahrscheinlich eine Verballhornung von der ursprünglichen Bezeichnung »Laib im Kasten«.

Den Leberkäseweltrekord hält die Landschlächterei Angele in Walpertshofen: Sie stellte 2009 einen 3 118 Kilogramm schweren, 15 Meter langen und 1,7 Meter breiten Leberkäse her. Er enthielt das Fleisch von neun Rindern und 28 Schweinen.

### Lecker

In Bayern gibts bloß oa »lecker«:
Am Oasch konnst me lecker!

# Lindwurm

In Schaippach in Unterfranken trieb einmal ein riesiger Lindwurm sein Unwesen. Erst ein schneidiger Bauer fasste sich eines Tages ein Herz: Als er beim Mistbreiten am Feld dem Drachen begegnete, erstach er ihn kurzerhand mit seiner Mistgabel. Ein Denkmal wurde errichtet. Dies steht heute in der Nähe des »Dietrichsackers« – vielleicht dem Austragungsort des Kampfes zwischen Mann und Lindwurm!

Auch in Volkach lebte ein Lindwurm in einem damaligen See bei der Ringmauer. Er vergiftete Menschen und Tiere. Erst als der See abgelassen wurde, konnte sich das Untier nicht mehr halten und verschwand.

# Landjäger

Eintägig geräucherte luftgetrocknete Rohwurst, eckig, gut geeignet als Proviant.

# Lenin

*Wladimir Iljitsch Lenin, \* 22. April 1870 in Simbirsk;*
*† 21. Januar 1924 in Gorki bei Moskau.* Lebte mit wechselnden Decknamen von 1900-1905 in München, u.a. bei dem sozialdemokratischen Gastwirt Rittmeyer in der Kaiserstraße 53.

# Marktweibertanz

Am Faschingsdienstag tanzen die Marktweiber des Münchner Viktualienmarkts in schreiend bunten Kostümen. Wahrscheinlich wollen sie durch die fröhliche Darbietung ihr Image von griesgrämigen Frauen aufpolieren und sich bei der Kundschaft bedanken.

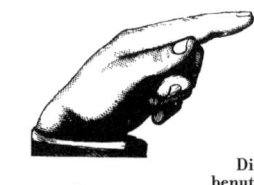

*Maß*, die

Dieses Sammelsurium benutzt die ältere und immer noch korrekte Schreibweise mit »ß«.

BIER-MASSEINHEIT FÜR EINEN LITER BIER, SPRICHT MAN MIT KURZEM »A« WIE IN »MASTSCHWEIN«, NICHT LANG WIE IN »MASSBAND«.

### Es gibt auch:

**🍺 Goaßmaß:** Bier, Cola, Kirschlikör oder Cognac

**🍺 Laternenmaß:** Weißwein oder Bier, weißes Limo, Kirschlikör im Stamperl versenkt

**🍺 Schneemaß:** Korn, Bier, weißes oder gelbes Limo, zwei Kugeln Vanilleeis

**🍺 Betonmaß:** Halbe Bier, halber Liter Schnaps nach Wahl

# THOMAS MANN

### LERNT SEINE SPÄTERE FRAU KENNEN

Die spätere Frau Katia des Wahlmünchners Thomas Mann bezauberte ihn mit folgender Begebenheit, die er in der Trambahn beobachtete und die Katia in ihrer Biografie wie folgt beschrieb:

*Als ich aussteigen wollte, kam der Kontrolleur und sagte: »Ihr Billet!« Ich sag: »Ich steig hier grad aus.« – »Ihr Billet muss i ham!« Ich sag: »Ich sag Ihnen doch, dass ich aussteige. Ich habs eben weggeworfen, weil ich hier aussteige.« – »Ich muss das Billet – Ihr Billet hab ich gesagt!« – »Jetzt lassen Sie mich schon in Ruh!«, sagte ich und sprang wütend hinunter. Da rief er mir nach: »Mach dass d' weiterkimmst, du Furie!«*

Der →Grant der Dame hat Mann gefallen.

## Mittelpunkt der EU

Er wandert von Zeit zu Zeit. Seit dem Beitritt Kroatiens 2013 war der geografische Mittelpunkt der Europäischen Union im Ort Westerngrund in Aschaffenburg. Seit dem EU-Austritt des Vereinigten Königreichs Ende 2020 liegt er im Landkreis Würzburg, im Ortsteil Gadheim.

## Mittelpunkt Bayerns

Der geografische Mittelpunkt von Bayern ist in Kipfenberg im Altmühltal. Dort markiert ein →Findling diesen Ort.

## Klein-Berlin

Mödlareuth war früher eine geteilte Stadt – na gut, sagen wir: Dorf. Mödlareuth hat ja nur 50 Einwohner. Der Tannbach, der durch die Ortschaft fließt, war deutsch-deutsche Grenze zwischen der DDR und der BRD. Der mächtige Holzzaun, der seit 1952 die Grenze sicherte, wurde später durch eine **700 meter lange und immerhin 3,40 m hohe Betonmauer** ersetzt. Die Ost-Mödlareuther durften nicht einmal ihren früheren Nachbarn winken.

## Münchner Kindl

a) Das Münchner Wappen enthält eigentlich einen ursprünglich erwachsenen, nach rechts blickenden Mönch mit goldgeränderter Kutte. Der Mönch wurde über die Zeit immer mehr verkindlicht und in den Zwanzigerjahren des 20. Jahrhunderts schließlich zu einem Mädchen, dem Münchner Kindl.

b) Männer und Frauen, die in München geboren sind, werden »echtes Münchner Kindl« genannt.

c) verschiedene Spirituosen-Spezialitäten, die sich Münchner Kindl nennen: Oberbayrischer Gebirgsenzian, ein Bärwurz und der erste Altbayrische Kartoffelschnaps.

# Ministerpräsidenten

Der Ministerpräsident ist gemäß der Verfassung des Freistaates Bayern der Vorsitzende der Bayerischen Staatsregierung. Vorläufer des Amts war der »Geheime Ratskanzler« im Kurfürstentum Bayern. In Abwesenheit König Ludwigs I. (1825-1848) saß der dienstälteste Minister Sitzungen vor. Ab 1849 gab es das Amt des »Vorsitzenden des Ministerrates«. Mit der Gründung des Freistaates 1918 wurde das Amt des Ministerpräsidenten geschaffen. In der Zeit des Nationalsozialismus verlor das Amt an Bedeutung.

| Name | Zeitraum | Partei |
|---|---|---|
| Kurt Eisner | 1918–1919 | USPD |
| Johannes Hoffmann | 1919–1920 | SPD |
| Gustav Ritter von Kahr | 1920–1921 | parteilos (nationalkons.) |
| Hugo Graf von und zu Lerchenfeld auf Köfering und Schönberg | 1921 | BVP |
| Eugen Ritter von Knilling | 1922–1924 | BVP |
| Gustav Ritter von Kahr Generalstaatskommissar | 1923–1924 | parteilos (nationalkons.) |
| Heinrich Held | 1924–1933 | BVP |
| Franz Ritter von Epp Reichskommissar, dann Reichsstatthalter | 1933–1945 | NSDAP |
| Ludwig Siebert | 1933–1942 | NSDAP |
| Paul Giesler | 1942–1945 | NSDAP |
| Fritz Schäffer | 1945–1945 | parteilos (kath.-kons., früher BVP) |
| Wilhelm Hoegner | 1945–1946 | SPD |
| Hans Ehard | 1946–1954 | CSU |
| Wilhelm Hoegner | 1954–1957 | SPD |
| Hanns Seidel | 1957–1960 | CSU |
| Hans Ehard | 1960–1962 | CSU |
| Alfons Goppel | 1962–1978 | CSU |
| Franz Josef Strauß | 1978–1988 | CSU |
| Max Streibl | 1988–1993 | CSU |
| Edmund Stoiber | 1993–2007 | CSU |
| Günther Beckstein | 2007–2008 | CSU |
| Horst Seehofer | 2008–2018 | CSU |
| Markus Söder | seit 16.03.18 | CSU |

Die drei Karins!

Die Ehefra der drei Mi terpräsider Edmund Stoiber, H Seehofer u Markus Sö heißen alle Vorname Karin.

# MOSHAMMER

*Rudolph Hans Albert Moshammer, * 27. September 1940 in München; † ermordet am 14. Januar 2005 in Grünwald, Landkreis München.* Weltberühmter Modezar, ehemaliger Besitzer der Boutique **»Carnaval de Venise«**, später einfach »Moshammer« in der Münchner Maximilianstraße. Sein Erscheinungsbild war geprägt durch eine voluminöse schwarze Perücke, die an →Ludwig II. erinnert.

❖ Er besaß nacheinander vier Yorkshire Terrier mit dem Namen »Daisy«.
❖ Mit der Gruppe »Münchner Zwietracht« nahm er an der Vorentscheidung zum Eurovision Song Contest 2001 teil mit den Liedern »Moos Hamma« und »Teilt Freud und Leid«.

# Mühl-hiasl

## DA NOSTRADAMUS AUSM WOID

Im Märchenwald, einem Ausflugsgelände in Bayerisch Eisenstein beim Großen Arbersee, war der Mühlhiasl noch anzutreffen. Er stand an Station 23 des Rundweges und machte – gegen Einwurf von Münzen – Prophezeiungen. Der Märchenwald wurde 2015 leider geschlossen..

# Münchner Witz

Ein älterer Herr ist im Forstenrieder Park bei München spazieren gegangen. Da ist aus dem Unterholz eine riesige Wildsau herausgebrochen. Der Herr rennt und rennt, bis ihm die Luft ausgeht. Er lässt sich vornüber auf einen Baumstumpf fallen, um zu verschnaufen. Nach fünf Minuten schaut er vorsichtig auf und schaut direkt in die kleinen funkelnden Augen der Wildsau, die ihn aufmunternd fragt: »Wos is – pack mas wieder?« (dt.: Wie sieht's aus – legen wir wieder los?!)

# Mozart

Leopold Mozart, * 14. November 1719 in Augsburg; † 28. Mai 1787 in Salzburg, Komponist, Vater von Wolfgang Amadeus Mozart.

# Museen

### EINIGE

**Alte Schnupftabakfabrik** Regensburg

**Deutsch-Deutsches Museum** Mödlareuth

**Die Kiste** Augsburg: Kater Mikesch, Urmel, Jim Knopf, Lukas der Lokomotivführer, Kalle Wirsch, die Katze mit Hut und zahlreiche andere Stars

**Kartoffelmuseum** München: weltweit einziges, das sich dem Erdapfel ausschließlich in künstlerischer und kunsthistorischer Hinsicht widmet

**Klöppelmuseum** Burg Abenberg

**Knopfmuseum** Bärnau: der größte und der kleinste Perlmuttknopf der Welt

**Kräuter-, Gewürz- und Teemuseum Kaulfuss** Abtswind

**Luftmuseum** Amberg

**Meerrettichmuseum** Baiersdorf

**Museum im fressenden Haus** Regen

**Pfefferminzmuseum** Eichenau

**Salzmuseum** Bad Reichenhall

**Schnupftabakmuseum** Grafenau

**Traktormuseum** Schwarzenbach a. d. Saale

**Valentin-Karlstadt-Musäum** München

## Nix

»Kare«, fragt der Polier, »was machst denn grad?«

»Nix.«

»Wennst fertig bist, machmer Feierabend.«

## Ohm

Georg Simon Ohm, * 16. März 1789 in Erlangen; † 6. Juli 1854 in München, Physiker. Entdecker des »ohmschen Gesetzes«, das den Zusammenhang zwischen Strom, Spannung und dem ihm zu Ehren in »Ohm« gemessenen Widerstand beschreibt.

## Obermaier

Uschi Obermaier, * 24. September 1946 in München, Fotomodell und Schauspielerin, Mitglied der »Kommune 1«, hat angeblich schon Mick Jagger von der Bettkante geschubst.

# OBaZDa

**Klassisch:**

Ein weicher Camembert wird zusammen mit 30 g Butter mit einer Gabel zerdrückt. Nicht zu fein, eher bröckelig. Dann kommen 2 EL klein gehackte Zwiebeln, Paprikapulver (scharf und edelsüß), Salz, Pfeffer und Kümmel (leicht angestoßen) dazu.

**Optionale Zutaten:**

Senft, 30 ml Bier (Helles oder Weizen), Zwiebelringe. Man kann auch ein bisschen Limburger druntermischen. Zusätzlich Frischkäse und der Obazde wird cremiger.

Oktoberfest→ Wiesn

## Komische Ortsnamen

**Ameisenbrücke**

Antwort
Bethlehem
Bierdorf
Frühling
Gibacht
Goldhasen
Gückelhirn
Handschuh
Heiland

**Katzenhirn**

Motzenhofen
Petting
Poppendorf
Pumpernudl

**Pumpernudl**

Bieselbach
Ewigkeit
Hirnkirchen
Hunger

**Busendorf**

Schnarchenreuth
Schreiloch
Spitzispui
Sulz

**Ursulapoppenricht**

Ficker
Fischbehälter
Fremdling
Freßlesreute
Kotzendorf
Kümmel
Lachen
Ludersheim

**Grausendorf**

Tittenkofen
Unterkiefer
Wampen
Wurmrausch

**Fratzendorf**

DIE GEGLÜCKTE AUSSPRACHE VON
»OACHKATZLSCHWOAF«
GILT ALS GRADMESSER
DER MEHR ODER
WENIGER VOLLZOGE-
NEN EINBÜRGERUNG

# Oachka

# PUMUCKL

Der Pumuckl ist ein Klabautermann. Ursprünglich aus Norddeutschland stammend, lebt er nun schon seit 1961 bei Meister Eder in München. Erdacht hat den Kobold Ellis Kaut. Die ersten Zeichnungen des Kobolds sind von der Münchnerin Barbara von Johnson. Sie ist die »optische Mutter Pumuckls«.

Die Pumucklstorys wurden zuerst im Bayerischen Rundfunk als Hörspiel gesendet, dann auch als Langspielplatten aufgelegt. Später wurde Pumuckl als Fernsehserie produziert – mit Gustl →Bayrhammer als Meister Eder. Der Pumuckl bekam seine Stimme von Hans Clarin.

## Die geheime Pumuckl-Folge!

Pumuckl wäre in der Hörspielfolge »Pumuckl geht aufs Meer zurück« beinahe zum Meer zurückgezogen. Wegen enormer Beschwerden des Publikums wurde die Folge nur einmal im Radio ausgestrahlt und dann niemals wieder. Man kann sie aber noch im Internet finden.

---

Die Schreinerwerkstadt von Meister Eder war im Hinterhof der Widenmayerstraße Nr. 2 in Münchens Stadtteil Lehel. Die Werkstadt wurde leider 1985 abgerissen

---

# Opposition
Gibt es auch in Bayern. Obwohl wir ja schon eine Demokratie haben.

# Ischwoaf

## Prosit

Der Chemnitzer Musiker Bernhard Dittrich erfand den Trinkspruch »Ein Prosit der Gemütlichkeit«.

## FRÜHERE MÜNCHNER PARADIESVÖGEL

Konsul Styler · Diamanten-Wally
Poldi Warraschitz (Der Schnorrerkönig)

## Philosophie der Bayern

*Wird scho wern.*
*So genga de Gang.*
*Noja, Genossen, machen mir halt a Revolution, dass a Ruah is!*
*Basst scho.*

## Pfoad

Uraltes, nicht mehr gebräuchliches Wort für Hemd.

## Polt Wörter

Mai Ling
Herr Tschabobo
Nobelpreisträger
Net wahr
Mei.
Lobster-Festival
Dr. Berzlmeier
Frau Waguscheit
Frau Kuschmelka
Herr Rösner
Schampaninger
Herr Sittich

## STOIBERS
# PROBLEMBÄR

Natürlich freuen wir uns, das ist gar keine Frage, freuen wir uns, und die Reaktion war völlig richtig, einen, äh, sich normal verhaltenden Bär in Bayern zu haben, äh, ja das ist gar net zum Lachen.

Äh, und der Bär im Normalfall, ich muss mich ja auch, Werner Schnappauf hat sich natürlich hier – intensiv – mit sogenannten Experten ausgetauscht und austauschen, äh, müssen! Nun haben wir, der normal verhaltende Bär lebt im Wald, geht niemals raus und reißt vielleicht ein bis zwei Schafe im Jahr.

Wir haben dann einen Unterschied zwischen dem normal sich verhaltenden Bär, dem **Schadbär** und dem **Problembär**. Und es ist ganz klar, dass dieser Bär ein Problembär ist und, es ist im Übrigen auch, im Grunde genommen, durchaus ein gewisses Glück gewesen, er hat um ein Uhr nachts praktisch diese Hühner gerissen.

Und Gott sei Dank war in dem Haus, also jedenfalls ist das nicht bemerkt worden. **Aufgrund von: Es ist nicht bemerkt worden.** Stellen Sie sich mal vor: Der war ja mittendrin, stellen Sie sich mal vor: Die Leute wären raus und wären praktisch jetzt dem Bären praktisch begegnet.

Was da hätte passieren können! Und deswegen, man muss einfach hier sehen, ich habe sehr viel Verständnis für all diejenigen, die jetzt sagen: »Um Gottes willen, der Bär, und warum muss der gleich jetzt abgeschossen werden beziehungsweise: Muss eine Abschusserlaubnis gegeben werden?« Nur: Wenn die Experten sagen, das ist ein absoluter, das ist ein absoluter Problembär, da gibt es nur die Lösung, ihn zu beseitigen, weil einfach die Gefahr so groß ist, da hat der Minister keine andere Möglichkeit, als eben so zu handeln, wie er gehandelt hat!

**Der bayerische Ministerpräsident Edmund Stoiber in seiner Rede Ende Mai 2006 im Rahmen einer Pressekonferenz zur Problembär-Abschussgenehmigung des Bären JJ1, genannt »Bruno«.**

# Passionsspiele

Seit die Oberammergauer 1633 die Pest überwunden hatten, spielen sie alle 10 Jahre die letzten fünf Tage im Leben Jesu nach. Mit wenigen Unterbrechungen – weil die Spiele verboten wurden – hielten die Oberammergauer seit nun über 380 Jahre ihr Versprechen. Die Pest kam nie wieder!

## Quasi

Oft gebrauchtes Wort, das Unschärfe verhüllen soll. *I bin quasi scho am Weg.* Es bleibt ungewiss, ob man sich schon auf den Weg gemacht hat. – *Quasi.*

## Regensburger

### [RENGŠBUAGA]

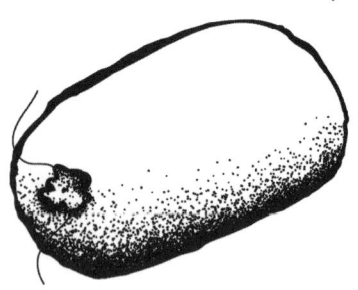

Brühwürste aus feinem und grobem Fleischbrät in kompakter Form: 8 cm lang und 4 cm Durchmesser. Mit feinem Brät heißt die Wurst »Knacker«.

## Ringsgwandl

Georg Ringsgwandl, * 15. November 1948 in Bad Reichenhall. Kardiologe, Oberarzt, Liedermacher, Kabarettist und Paradiesvogel mit bairischem Idiom.

## Röntgen

*Wilhelm Röntgen, * 27. März 1845 in Lennep; † 10. Februar 1923 in München*, Physiker, entdeckte am Physikalischen Institut der Universisät Würzburg die nach ihm benannten Röntgenstrahlen. 1901 erhielt er den ersten Nobelpreis für Physik.

# Prangerl,
## der letzte Hofnarr

Georg Pranger, genannt Prangerl, * 1745 in München, †1820 ebenda, seines Zeichens letzter bayrischer Hofnarr, Hofmusiker und Münchner Original.

Prangerl war immer in Finanznöten. Eines Tages kam er in den Spatenbräu, und er stank fürchterlich. Der Wirt fragte ihn, ob vielleicht etwas in die Hose gegangen sei. Prangerl verneinte. Nachdem der Wirt die Lage geprüft hatte, war er sicher, dass die Hose des Hofnarren die Quelle des Geruchs darstellte. Prangerl schlug eine Wette vor: »Wos wett ma, dass i net ind Hosn gschissn hab?« Man einigte sich. Da rief Prangerl: »Du, Hausl, wer hot in mei Hosn gschissn?« Da sagte der Hausl: »I. Host ja guat zahlt dafür!«

Die Wette war gewonnen.

# Pressack

## BAYRISCHE SPEZIALITÄT

Zubereitet wird er aus gekochtem Schweinekopffleisch, Schwarte, Aspik, Salz, Pfeffer und, je nach Region, Muskat, Nelken und Majoran. Beim roten Pressack wird noch Schweineblut dazugemischt. Man kann ihn sauer anmachen, ähnlich dem Wurstsalat, mit Essig, Öl und fein geschnittenen Zwiebelringen.

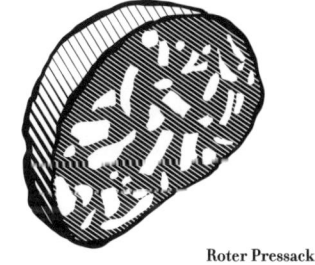

**Roter Pressack**

# Der Poltergeist von Rosenheim

1967 wirkte in der Kanzlei Adam ein Poltergeist. Dabei handelt es sich um das bestdokumentierte **paranormale Phänomen** weltweit. Ausgehend von der 19-jährigen Auszubildenden Annemarie, verrückten sich Schränke, das Telefonnetz wurde gestört und Leuchtstoffröhren platzten.

Unter Leitung von Hans Bender untersuchte das Freiburger Institut für Grenzgebiete der Psychologie und Psychohygiene den Fall mit dem Ergebnis, dass der Zustand der jungen Dame geprägt sei von aktuellen Problemen, psychischer Labilität, hoher kurzfristiger Erregbarkeit und geringer Frustrationstoleranz. Als die Auszubildende gekündigt hatte, verschwand auch der Poltergeist. All ihre Enttäuschungen entluden sich über die Psychokinese und hatten diese Phänomene ausgelöst. Das Büro Adam hatte wieder Ruhe.

# Ratzi

a) Verniedlichung Kardinal Ratzingers und eventuell auch noch Papst Benedikts XVI.
b) Radiergummi

# Prada

Eine Dame machte einen Einkaufsbummel in München, da starb ihr Hund, während sie ein Schaufenster betrachtete. Die Dame fragte im Laden nach einer Papiertasche, um ihren lieben Hund mit nach Hause zu nehmen. Während sie auf den Zug wartete, stellte sie die – wie sich herausstellte – Pradatasche nur kurz ab, währenddessen wurde diese gestohlen. – Der Taschendieb wird wohl sehr überrascht darüber gewesen sein, welcher Pelz sich in der Tasche befunden hat.

# Reisender Franzose

*»Alle Abende ertönen die Straßen von dem Gesumse der Saufgelage in den unzähligen Schenken, welches hie und da mit einem Hackbrett, einer Leier oder einer Harfe begleitet ist. Wer nur ein wenig den Herrn machen kann, muss seine Mätresse haben, die Übrigen tummeln sich um einen sehr wohlfeilen Preis auf den Gemeinplätzen herum.«*

Johann Kaspar Riesbeck beschreibt das München des 18. Jahrhunderts in seinem Buch »Briefe eines reisenden Franzosen über Deutschland«.

## Regiomontanus

\* 6. Juni 1436 im unterfränkischen Königsberg in Bayern; † 6. Juli 1476 in Rom. Regiomontanus (»der Königsberger«), bürgerl. Johannes Müller, war einer der bedeutendsten Astronomen und Mathematiker des 15. Jahrhunderts. Er gründete die erste Sternwarte Europas in Nürnberg, berechnete Kalender und verbesserte astronomische Instrumente für die Seefahrt.

# Radi

**DER RADI IST DIE ANANAS BAYERNS.**

Der Rettich gehört zu der Familie der Kreuzblütengewächse und ist verwandt mit dem Kren, also Meerrettich. Aufgeschnitten und gesalzen wird er unter anderem im Biergarten verzehrt.

Klostermayr

# Die Räuber

»*Der Bandit ist immer der Held,
der Beschützer, der Rächer des Volkes,
der unversöhnliche Feind jedes Staates.
Ein Kämpfer auf Leben und Tod
gegen die Zivilisation von Staat,
Aristokratie, Bürokratie und Klerus.*«

<small>Michail Bakunin, Russischer Revolutionär, Anarchist und Panslawist</small>

Damals wie heute gehörten zu Bayern auch die Rebellion, die Aussteigertendenzen, das Aufbegehren gegen die Obrigkeit. Manchmal vielleicht auch die der **Langzotterten**. Die drei berühmtesten Räuber Bayerns suchten ihren Aufgabenbereich außerhalb der üblichen durch Fleiß und Glauben geprägten Vorgaben. Obwohl es die Obrigkeit gern anders gehabt hätte, hatten sie die Sympathie der Bevölkerung.

> »*De Woch fangt scho guat o.*«

»Diese Woche geht schon gut los.« Räuber Kneißl bei der Verkündung seines Todesurteils. Es war ein Montag.

### Räuber Heigl

beraubte reiche Bauern und Geistliche

Michael Heigl, *1816 in Beckendorf (heute Bad Kötzting)

Unterwegs in Straubing, Kötzting, Viechtach, Landshut, Ungarn (heute Slowakei)

### Räuber Klostermayr

Wilderer und Räuberbandenanführer

Matthias Klostermayr, *3. September 1736 in Dillingen an der Donau

Genannt »der Bairische Hiasl«

Trieb sein Unwesen im damaligen schwäbisch-bayrischen Grenzgebiet

### Räuber Kneißl

Einbrecher, Räuber

Matthias Kneißl, *12. Mai 1875 in Unterweikertshofen

Genannt »Kneißl Hias« oder »Schachenmüller-Hiasl«

Unterwegs in Ichenbrunn bei Altomünster, Egenhofen und der Augsburger Gegend

# REBAIUWARISIERUNGSVERZEICHNIS

## Die preußische Sprache greift um sich!

Bein: **Fuaß**

Bulle: **Bummerl, Stier**

Butter, die: **Butter, der**

eben mal: **bloß grad**

eben: **halt**

fegen: **kehren, zusammenkehren**

fehlen: **abgehen**

hoppla: **hopála / öha**

Junge: **Bub (bua)** älter: **Knabe**

Kirsche: **Kersch**

klasse: **subber, pfundig**

kleckern: **drädern**

kneifen: **zwicken**

Knochen: **Bōa (mehrzahl Bōana)**

Kohl: **Kraut**

Tante-Emma-Laden: **Kramer**

knusprig: **rösch**

Kruste: **Rammel (bei der Dampfnudel z.B.), Schwarterl beim Schweinebraten**

kucken: **gucken**

laufen: **gehen (im Sinne von in normaler Geschwindigkeit gehen)**

lecker: **ganz guat!, wohlschmeckend, geschmackig, es schmeckt fein, es schmeckt (sehr) gut**

Löwenzahn: **Milchscheckel**

Mädchen: **Deandl, Madl**

Fleischer: **Metzger**

Möhren, Karotten: **Gelbe Rüben [Gelbe Ruam]**

Mücke: **Schnack, Staunzn**

Niederdeutsch: **Hochdeutsch, also Bairisch**

naschen: **schlecken**

Pfau: **Welschgockel, Türkengockel, Indian**

Pflaume (Sammelbezeichnung):
**Zwetschge (blau, länglich)**
**Kriacherl (blau, rundlich)**
**Mirabelle, Ringlo (gelblich)**

Pilz: **Schwammer(l)**

Briefträger: **Postbote**

Pute: **Piphen [Bib Hen]**

Quark: **Topfen**

Räucherschinken: **Gselchtes, Geräuchertes**

schnell laufen: **rennen**

Rote Beete: **Rote Rüben, Rote Ranen [Ro(u)de Rana]**

Rotkohl: **Blaukraut**

Sahne: **Rahm**

Sauerkirsche: **Weichsel**

Schmodder: **Bàz, Schlez, Schlàz, Schläz**

schnauben – die Nase schnauben: **schnäuzen (schneizn), die Nase putzen**

Schneeschippen: **Schnee ramma, Schnee schaufln**

Schnupfen: **Kàtàrrh [Kataa]**

Schuppen: **...hat ein Fisch: Schupfa**

Stufe: **Stiang, Stiege, also auch Stianghaus**

teuer: **ausgschamt!**

Topf: **Hafen [Hàfa]**

Tschüss: **Servus, Hawedere**

verdörren: **dadian (derdürren)**

Weißkohl: **Weißkraut**

Gewitter: **Wetter**

Pickel: **Wimmerl, Pinkel**

Ziegenpeter: **Mumps**

Ziege: **Geiß, Goaß**

---

# Die größten Katastrophen vermeiden.

| | |
|---|---|
| Brötchen | Semmel |
| lecker | ganz guat!, gschmackig, es schmeckt fein, es schmeckt (sehr)gut |
| laufen | gehen |
| großes Blei | Halbe (im Wirtshaus) Maß (auf dem Volksfest) |
| Tschuss | Servus, Habedere, Pfiate / Pfiateana |

# Rockenfüßl

## EIN SCHRECKGESPENST AUS AMBERG

← spitzer Hut

groß wie ein 12jähriges Kind (ca. 1,20 m) →

← gefiederter Schweif

← Reifrock

← springt, statt zu gehen

Hühnerbeinchen →

Das Rockenfüßl lebte einst als kleines Mädchen im Turm am Henkersberg bei Amberg. Es hielt sich nicht an die folgenden Gebote:

- ❖ Man soll am Freitag nicht singen,
- ❖ am Samstag nicht spinnen,
- ❖ am Sonntag nicht die erste Messe verpassen.

Bis ins hohe Alter missachtete die Frau trotzig diese Gebote. Darum verwandelten sich ihre Füße in **Hühnerbeine** und ihr wuchs ein gefiederter Schweif. Bis heute muss das 1,20 m große Schreckgespenst in dieser Gestalt umherwandern. Oft zeigt es sich auf der Amberger Hollerwiese.

# Ratzinger

Josef Ratzinger, * 16. April 1927 in Marktl, Oberbayern, emeritierter Papst, ehemaliger Theologieprofessor, war Erzbischof von München und Freising (1977), Kardinal (1977), Präfekt der Glaubenskongregation (1981), Kardinaldekan (2002) und bis zu seinem Rücktritt Oberhaupt der römisch-katholischen Kirche (2005–2013).

# Ringelnatz

Joachim Ringelnatz, * 7. August 1883 in Wurzen; † 17. November 1934 in Berlin; eigentlich Hans Gustav Bötticher, Schriftsteller, Kabarettist und Maler. Bekannt für seine Gedichte um die Figur **Kuttel Daddeldu**. Sein Durchbruch begann 1909 mit seinen Auftritten in der Münchner Künstlerkneipe »Simplicissimus«. Er wurde dort quasi zum Hausdichter.

# Regen in zwei Meere

Wenn es aufs Dach vom Forsthaus Gebhardshöhe bei Tirschenreuth regnet, fließt das Wasser auf der einen Seite in die **Nordsee** und auf der anderen Seite ins **Mittelmeer**. So haben es zumindest Geografen ausgerechnet. Das Haus steht genau an der europäischen Hauptwasserscheide, die das Einzugsgebiet von Nordsee und Mittelmeer trennt.

# richtungen

hinte hinta

fire fira

affe affa

owe owa

drunt herunt

droben heroben

drent herent

# einige Schauspielerinnen und Schauspieler

## UND IHRE PARADEROLLE

**Annemarie Wendl-Kleinschmidt:** Die böse Hausmeisterin Else Kling in der »Lindenstraße«

**Beppo Brehm:** »Die seltsamen Methoden des Franz Josef Wanninger«

**Maxl Graf:** »Der Schusternazi«

**Bruni Löbel:** »Polizeiinspektion 1« als Elisabeth »Mama« Schöninger, also die Frau von Walter Sedlmayr

**Erni Singerl:** Resolute Haushälterin von Frau von Soettingen in »Monaco Franze«; abergläubische Zugehfrau von »Meister Eder«

**Hans Baur:** Amtsgerichtsrat Stierhammer in Georg Lohmeiers 53-teiliger Serie »Königlich Bayerisches Amtsgericht«

**Hans Brenner:** Figur des Pförtners beim Bayerischen Rundfunk

**Hans Clarin:** Stimme von »Pumuckl«

**Helmut Fischer:** Franz Münchinger, genannt Monaco Franze in »Monaco Franze – Der ewige Stenz«

**Jörg Hube:** Karl Grandauer in der »Löwengrube«

**Karl Obermayr:** Manni Kopfeck neben Helmut Fischer in Helmut Dietls Serie »Monaco Franze – Der ewige Stenz«

**Ludwig Schmid-Wildy:** Der schlitzohrige Nachtwächter Veitl im »Königlich Bayerischen Amtsgericht«

**Maria Singer:** Magdalena Trenner in »Die Scheinheiligen«

**Max Grießer:** Bertl Moosgruber in »Polizeiinspektion 1«

**Rosl Mayr:** Die lästige Frau Gmeinwieser in der »Polizeiinspektion 1«

**Ruth Drexel:** Weißwurst-Paula in »Zur Freiheit«, Resi Berghammer in »Bulle von Tölz«

**Ruth Maria Kubitschek:** Zugereiste Schauspielerin, aber als Annette von Soettingen, die Frau von Franz Münchinger in »Monaco Franze« in den Rang einer bayrischen Volksschauspielerin aufgestiegen

**Schorsch Blädel:** Gerichtsdiener im »Königlich Bayerischen Amtsgericht«

**Therese Giehse:** Anna Häusler in »Münchner Gschichtn«

**Toni Berger:** Martin Binser in »Irgendwie und Sowieso«

**Towje Kleiner:** Maximilian Glanz in »Der ganz normale Wahnsinn«

**Udo Thomer:** Polizeihauptmeister Anton Pfeiffer in »Bulle von Tölz«

**Volker Prechtel:** Malachias in der Verfilmung Umberto Ecos »Der Name der Rose«

**Walter Sedlmayr:** Franz Josef Schöninger in »Polizeiinspektion 1«

**Willy Harlander:** Brettschneider im »Tatort« mit Gustl Bayrhammer

# ÜBERSICHT ÜBER DIE SCHIMPF-WÖRTER

Eine kleine Auswahl

**Aff:** A., gselchta! Schwachkopf, ungeschickter blöder Mensch

**Bauernraml:** B., *Du gschwollkopferter*. Abfällige Bezeichnung für einen Menschen vom Land

**Birnbaum Hollerstaun:** Fluchausdruck, der die beiden als heilig geltenden Gewächse missbraucht

**Bisgurrn:** Beißzange

**Bluadsakra:** Blutsakrament

**Breznsalzer:** nerviger Wichtigtuer

**Brunzkachl:** derb, derber: B., *ogsoachte*. Kachel an der Pissrinne

**Dalferer:** undeutlich, sinnlos redender Nörgler

**Depp:** alter D.

**Drak:** der, gerissenes bösartiges Wesen. kommt von *Drache*

**Dschamsterer:** abwertend für »aktueller Liebhaber«

**Gipskopf:** dummer uninteressanter Mann

**Gschaftlhuaba:** geschäftiger Mensch

**Hacht:** gieriger Mensch

**Hàllòdri:** leichtsinniger, unzuverlässiger, arbeitsscheuer Taugenichts, kann auch liebevoll gemeint sein. Mann ohne geregelten Lebensstil

**Hammel:** *Hamme!* Bauern-, Dreck-, Riesen-, Riesendreck-, Oberriesen-, Sau-. Rücksichtsloser Mensch, Schmutzfink, zotiger, moralisch verwerflicher Kerl

**Hanswurscht:** Mann, den man nicht ernst nehmen kann

**Herrschafzszeiten:** Ausruf des Unwillens

**Hirsch:** Tölpel, Narr, Dummkopf

**Hund:** gscherter H: rüpelhafter, grober Mann. Kann auch anerkennend »Tausendsassa« bedeuten

**Hundsglump:** wertloses Zeug, Unrat, schlechte Ware, Schund

**Krampfhenne, Krampfgockel:** Mensch, der nur Unsinn (also Krampf) plant.

**Kruzifix:** Steigerung: Kreizkruzifix,: Himmlkreizkruzifix, Himmlkreizkruzifixkruzifix!

**Leffoutti:** Depp vom Dienst: *I bin doch net Euer L.!*

**Lump:** jemand, der ein liederliches Leben führt

**Matz:** von Mechthild, Magd oder Maid, ursp. - durchtriebene, liederliche Weibsperson. Oft auch anerkennend gemeint

**Narrischer Kampl:** verückter Kamm. Abgeleitet vom Kamm des Hahns, bezeichnet einen jungen Mann.

**Rindviech:** Riesen R.

**Rotzlöffl:** unverschämter, frecher Bursche

**Ruaßkodl:** einer, der aussieht, als hätte er sich tagelang nicht im geringsten gewaschen. Schmutziges faltiges Gesicht

**Sacklzement:** Sakra, Sapperlott, Sakradi: von frz. *sacré dieu*, »Heiliger Gott«. *Hagotsak!* Herrgott Sakra

**Sapprament:** sappralott, sapperlot, saperment: verhüllende Nebenformen zu dem als blasphemisch empfundenen Ausruf »Sakrament«

**Zwetschgnmandl:** wohl inspiriert von einer Dörrpflaume, recht magerer, nicht ernst zu nehmender Mann

# BERÜHMTE STRAUSSE

## FRANZ JOSEF

*6. September 1915 in München; †3. Oktober 1988 in Regensburg als Teilnehmer einer fürstlichen Jagdgesellschaft. Politiker der CSU, Minister und Ministerpräsident des Freistaates Bayern und Pilot.

## LEVI

*26. Februar 1829 als Löb Strauß in Buttenheim; †26. September 1902 in San Francisco. Industrieller, Erfinder der Blue Jeans,
→ Auswanderer nach Amerika.

## RICHARD

* 11. Juni 1864 in München; † 8. September 1949 in Garmisch-Partenkirchen. Komponist, der durch seine orchestrale Programmmusik, sein Liedschaffen und seine Opern bekannt wurde.

Reiberknödeln { Semmelknödeln

## Semmelknödeläquator

Gedachte Grenze zwischen den Bereichen, in denen es üblicherweise Kartoffelknödel oder eben Semmelknödel zum Schweinebraten gibt. Sehr zum Erstaunen der jeweils anderen Bevölkerungsgruppe. Er verläuft in Nord-Süd-Richtung. Richtung Osten nimmt die Semmelknödelwahrscheinlichkeit zu.
→ Weißwurstäquator

# Sterben

## TRADITIONELLES VORGEHEN NACH DEM TOD

- ☨ Spiegel verhängen und Uhren anhalten.
- ☨ Den Toten in der Sterbekammer waschen und aufbahren.
- ☨ Fenster der Sterbekammer öffnen, damit die »Arme Seel« hinauskann.
- ☨ Das Vieh im Stall aufscheuchen: »Afsteh, d Frau/da Mo is gstorm.«
- ☨ Rütteln an den Imkerkörben. Die Bienen können der Armen Seel folgen, wenn sie möchten.
- ☨ In der nächsten Kapelle oder Kirche das Sterbeglöckchen läuten.
- ☨ Durch das Signal zieht z. B. der Bauer auf dem Feld den Hut vom Kopf und widmet dem Verstorbenen ein »Herr, gib ihm die ewige Ruh«.
- ☨ Der Verstorbene bleibt bis zur Beerdigung in der Wohnstube aufgebahrt, angekleidet mit seinem Hochzeitsgewand. In den gefalteten Händen hält er einen Rosenkranz.
- ☨ Der Kopf liegt leicht erhöht auf einem weißen Kissen, das mit Sägespänen oder Ähnlichem gefüllt ist und das später verbrannt wird.

Siehe auch: →Tod

# Schebberer

Ein großer Geist, der mit Schröpfköpfen (Glaskugeln) in Schwandorfs Gassen umherzieht. Wer ihn sieht, dem schwillt der Kopf an! Und Obacht: Wer aus dem Fenster schaut und ihn erblickt, bekommt den Kopf nicht mehr zum Fenster hinein, weil ihm der Kopf so angeschwollen ist!

# Städte

## ZAHL DER EINWOHNER

(Stand 2020)

| Stadt | Einwohner |
|---|---|
| München | 1.484.226 |
| Nürnberg | 518.370 |
| Augsburg | 296.582 |
| Regensburg | 153.094 |
| Ingolstadt | 137.392 |
| Fürth | 128.497 |
| Würzburg | 127.934 |
| Erlangen | 112.528 |
| Bamberg | 77.373 |
| Bayreuth | 74.783 |
| Landshut | 73.411 |
| Aschaffenburg | 71.002v |
| Kempten (Allgäu) | 69.151 |
| Rosenheim | 63.551 |
| Neu-Ulm | 58.978 |
| Schweinfurt | 53.426 |
| Passau | 52.803 |
| Freising | 49.126 |
| Straubing | 47.791 |
| Dachau | 47.721 |
| Hof (Saale) | 45.825 |

## an Schnauz

Münchnerischer Ausdruck für ein Naserl Kokain.

## Schischi

Alter bairischer Begriff. Gemeint ist in etwa Schnickschnack, Kitsch und unnötiges Beiwerk. Wahrscheinlich aus dem frz. »chichi«, was falsche Haare bezeichnet.

## Schmalznudel

»Die Schmalznudel« liegt in München beim Viktualienmarkt. Die Lokalität heißt eigentlich Café Frischhut. Den ganzen Tag gibt es frisch herausgebackene →Kiachl, die hier Schmalznudeln genannt werden, und andere feine Mehlspeisen. Illustre Gäste sind teils Marktleute, teils Nachtschwärmer mit Restalkohol – aber natürlich auch »normale Leut«.

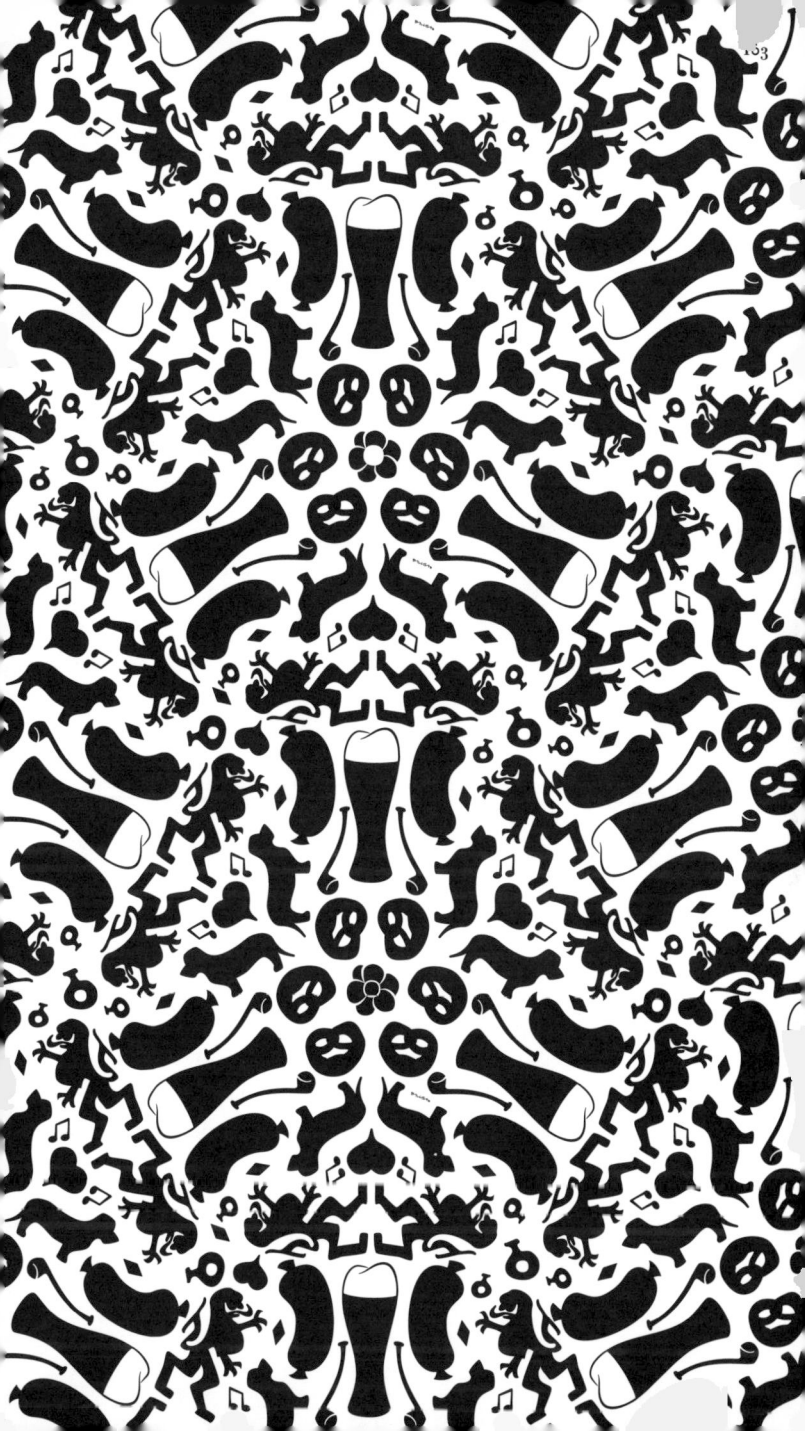

# Schrazellöcher

**AUCH GENANNT: ERDWEIBERLSCHLUPF, GEISTERHÖHLE, JUNGFRAUENHÖHLE, SEELENKAMMER, ERDSTALL**

*Schraz, Hankerl, Fankerl = Zwerg, Kobold*

Gehören zu den größten offenen Rätseln Europas. Es handelt sich um aufwendig gebaute unterirdische Tunnelsysteme. Mehrere niedrige, von Menschen erschaffene Räume, verbunden mit dünnen Durchstiegen, sogenannten »Schlupfen«. Der Eingang zu einem Schrazelloch ist oft unscheinbar in der Landschaft versteckt, manchmal auch von normalen Hauskellern aus zu erreichen. Das Hauptgebiet der Erdställe ist Bayern, dort gibt es ca. 700 Stück. **Der Zweck** dieser Tunnel ist vollkommen ungeklärt, es gibt kaum mündliche und schriftliche Überlieferungen.

## Erklärungsversuche

**Zufluchtsstätten:** *Pro:* Verriegelungsvorrichtungen von innen, Bänke, Belüftungslöcher vorhanden. *Kontra:* Es gibt kaum Funde in den Löchern, was gegen einen längeren Aufenthalt darin spricht.
**Religiöser Ansatz:** Um Sünden abzustreifen, musste man eventuell durch die engen »Schlupfe«.
**Germanischer Ansatz:** Löcher als »Schoß der Mutter Erde«.

*»Die Schrazeln waren kleine Wesen und hatten lange, lockige Haare und ein faltiges Gesicht. Sie hatten breite Nasen und lebhafte Augen und wohnten unter Häusern und Zimmerböden.« Diese Schrazeln sollen die Ureinwohner gewesen sein.«*

Sage über die Erdlöcher

# Schnupf, Bruada!

## NEBEN ENGLAND GILT BAYERN ALS HOCHBURG DES SCHNUPFTABAKS

Bayrischer Schnupftabak ist – genau genommen – der »Schmalzler«, ein aus Tabak und ursprünglich Butterschmalz hergestellter Nasenkitzler. Das Schmalz machte die »Pris'« weniger staubig und angenehm in der Nase – für den, der's verträgt, natürlich! Das Butterschmalz wird heutzutage durch Weißöl ersetzt. Der Schmalzler hat einen erdig-würzigen Geschmack. Manche Sorten werden mit zusätzlichen Aromen wie z. B. Menthol hergestellt. Er ist klebrig-feucht in der Konsistenz und dunkelbraun bis schwarz.

Schnupftabakflaschen: v.l.n.r. Gesellschaftsform, Lochglas, Birnenform, Neidfaust, Wetzstein, Geige, Stiefel

# Schelling-Salon

## MÜNCHENS ÄLTESTES »WIENER CAFÉ-RESTAURANT«

**Berühmte Leute, die im Salon waren:**

Traditionsgaststätte in der Münchener Schellingstraße 54, Ecke Barer Straße im Bezirk Maxvorstadt

Lenin, Theodor Heuss, Franz Josef Strauß, Bert Brecht, August Heisenberg, Rainer Maria Rilke, Wassily Kandinsky, Hans Carossa, Henrik Ibsen, Franz Marc, Otto Ortler, Alfred Pongratz, Schmidt-Wildy, Michel Ehbauer, Ödön von Horvath, Joachim Ringelnatz

# Ein Schweiners

kurz für »Schweinebraten«. Pseudo-Hochdeutsch *Schweinerz*,
»*Sonntagmittag ein Trumm Schweiners – mit Knödeln.*«

## Harald Schmidt

*wahrscheinlich 18. August 1957 in Neu-Ulm, Schwaben. Kabarettist, Entertainer, Schauspieler und Kolumnist.
**Fernsehsendungen:**
»Schmidteinander«,
»Harald Schmidt Show«

»*Ich trenne auch im Auto Müll: Flaschen werfe ich links, Dosen rechts aus dem Fenster.*«

# Söllner

*Hans Söllner, \* 24. Dezember 1955 in Bad Reichenhall*, bayrischer Liedermacher. Er wird auch als »einzige bayrische Opposition« bezeichnet. Leider hat er oft mit Staatsanwaltschaft und Gericht zu tun. Berühmte Lieder: **Mei Voda (hat an Marihuanabam), Hey Staat!, Mama ziag dei Schürzn aus**

# Schiefe Schwerkraft

Der Prä-Astronautiker und Bestsellerautor Hartwig Hausdorf ist der Meinung, dass es in einem Wald in der Nähe von Marktl eine Stelle gibt, auf der die Schwerkraft in einem anderen Winkel wirkt. Menschen stehen dort schief.

# Stranitzen-Rogl-Index

| **Stranitze[n] Spitzrogl** | Eine unten spitz zulaufende Papiertüte |
|---|---|
| **Rogl** | Rechteckige Papiertüte |
| **Guggan** | Tüte ganz allgemein oder Sammelbegriff für sonstige Behältnisse dieser Art |

# Marianne Sägebrecht

\* 27. August 1945 in Starnberg, Schauspielerin, Kneipenwirtin und Kabarettistin. Spielte in weltbekannten Filmen (»Out of Rosenheim«, »Der Rosenkrieg«)

# Scherzl

Kein Scherz! Endstück oder Anfangsstück vom Brotlaib. Opf.: **Ranft**, Franken: **Ränggel, Knorz, Kruste, Koppe**

## der Senft

*schriftdeutsch: Senf;* berühmt ist der bayrische Süße Senft. Diesen hat Johann Conrad Develey 1854 erfunden. Der beliebteste Süße Senft ist allerdings der Händlmaiersenft aus Regensburg.

## semmel

ist ein bairisches Kennwort. Das heißt, wenn man es liest, ist man in Bayern. Kommt vom lateinischen Wort für Getreide »simila«, also helles Mehl. Oberhalb vom Limes, also außerhalb des römischen Gebiets, gab es nur Roggenmehl.
In der Semmel ist die Molle(n), das kommt auch vom Lateinischen, »mollis«, was »das Weiche« bedeutet.

## Sis(s)i

Elisabeth von Österreich-Ungarn, * 24. Dezember 1837 in München, Königreich Bayern; ermordet am 10. Sept. 1898 in Genf. Durch ihre Heirat mit Franz Joseph I. ab 1854 Kaiserin von Österreich und Apostolische Königin von Ungarn. Durch mehrere Filme posthum zu einem Idol geworden.

## Süskind

Patrick Süskind, * 26. März 1949 in Ambach am Starnberger See, ist Schriftsteller und Drehbuchautor. »Die Taube«, »Die Geschichte von Herrn Sommer« und sein weltberühmter Roman »Das Parfum« (in 49 Sprachen übersetzt und verfilmt). Er wirkte auch am Drehbuch von Helmut Dietls Fernsehserien »Monaco Franze«, »Kir Royal« und »Der ganz normale Wahnsinn« mit.

# Schutzengel der Gschlamperten

IN DER WALLFAHRTSKIRCHE SAMMAREI,
AUCH »BAYERISCHES ASSISI« GENANNT,
HÄNGT DER SELTSAMSTE ENGEL BAYERNS —
ALSO WAHRSCHEINLICH DER WELT!

Sammarei liegt im niederbayrischen Landkreis Passau.

**Der Sammareier Engel besitzt folgende originelle Elemente:**

- ❖ zeigt einen Vogel
- ❖ hält einen Trinkbecher
- ❖ hat Maikäferflügel
- ❖ besitzt Geschlechtsmerkmale – im Gegensatz zu normalen Putten
- ❖ hat zwei verschiedene Schuhe an

# Tatzelwurm

Halbdrache, der hauptsächlich im Alpenraum vorkommt. Er hat meist nur zwei Beine und einen katzenartigen Kopf. Der Wurm ist 50 bis 200 cm lang. Wenn er über Sand kriecht, verwandelt sich dieser zu Glas.

Verwandtschaft besteht zu: →Basilisk und →Lindwurm.

## Tierparks

- ❖ Zoo Augsburg
- ❖ Zoologischer Garten, Hof
- ❖ Tierpark Hellabrunn, München
- ❖ Tiergarten Nürnberg
- ❖ Wildpark Klaushof, Bad Kissingen
- ❖ Wildpark Poing
- ❖ Wildpark an den Eichen, Schweinfurt
- ❖ Tiergarten Straubing
- ❖ Jura-Zoo, Neumarkt in der Oberpfalz
- ❖ Wildpark Tambach, Coburg
- ❖ Tierfreigehege des Nationalparks Bayerischer Wald, Neuschönau

# Trachtenanzug

## »DER RAIFFEISENSMOKING«

Grünes Stehkragerl, oft mit Laubornamentik verziert

Hirschhornknöpfe

Dunkelgrauer Stoff

Der Trachtenanzug wird von Kennern bayrischen Brauchtums wegen der typischen Nutzung bei offiziellen Anlässen wie Einweihungsfeiern, Richtfesten und ähnlichen Veranstaltungen **»Raiffeisensmoking«** genannt. Das Aussehen des Trachtenanzugs geht zurück auf Erzherzog Johann von Österreich, der den Auftrag gab, hoffähige Frauen- und Männerkleidung mit bäuerlichen Trachtenelementen zu entwerfen.

Durch das Anlegen dieser Trachtenbekleidung zeigt der solchermaßen Gewandete:
- ❖ Heimatverbundenheit
- ❖ Bodenständigkeit
- ❖ Eleganz

Mit dem Trachtenanzug ist man stets gut gekleidet.
Egal ob Opernhaus oder Oktoberfest, ob Forst- oder Finanzbetrieb, Landlergesang oder Landesgartenschau: Der Raiffeisensmoking ist mit dabei!

# Transrapid-Rede

## EIN QUELL STETER FREUDE

Wenn Sie vom Hauptbahnhof in München – mit zehn Minuten – ohne dass Sie am Flughafen noch einchecken müssen, **dann starten Sie im Grunde genommen am Flughafen** am am Hauptbahnhof in München, starten Sie ihren Flug.

Zehn Minuten – schauen Sie sich mal die großen Flughäfen an! Wenn Sie in Heathrow in London oder sonst wo, meine sehr verehrten… Äh, Charles de Gaulle in äh Frankreich oder in in… in Rom. Wenn Sie sich mal die Entfernungen ansehen, wenn Sie Frankfurt sich ansehen, dann werden sie feststellen, dass **zehn Minuten,** sie jederzeit locker in Frankfurt brauchen, um ihr Gate zu finden!

Wenn Sie vom Flug- äh vom Hauptbahnhof starten, Sie steigen in den Hauptbahnhof ein, Sie fahren mit dem Transrapid in zehn Minuten an den Flughafen in an den Flughafen Franz-Josef Strauß.

Dann starten Sie praktisch hier am Hauptbahnhof in München. Das bedeutet natürlich, dass der Hauptbahnhof im Grunde genommen näher an Bayern, an die bayrischen Städte heranwächst, **weil das ja klar ist,** weil aus dem Hauptbahnhof viele Linien aus Bayern zusammenlaufen.

**Auszug aus der Neujahrsrede des damaligen Ministerpräsidenten von Bayern, Edmund Stoiber, am 21.01. 2002 im alten Rathaus von München zum Thema »Transrapid«: einer Magnetschwebebahn, die München mit dem Flughafen verbinden sollte.**

# TSV 1860 oder FC Bayern?

Beides sind Fußballvereine aus München. →Franz Beckenbauer wäre als 13-Jähriger beinahe zum TSV 1860 gewechselt, entschied sich aber dann doch für den FC Bayern, weil er von einem Löwenspieler (so nennt man jemanden vom TSV) auf dem Fußballplatz eine Watschn bekommen hatte.

| | |
|---|---|
| **DARENNT** | Zu schnell gefahren |
| **DOUD GSUFFA** | Zu viel Alkohol |
| **INS HOIZ AUSSE GANGA** | Umschreibung für den Freitod |

## Thoma

*Ludwig Thoma, \* 21. Januar 1867 in Oberammergau; † 26. August 1921 in Tegernsee,* Schriftsteller, der den bayrischen Alltag und die politischen Geschehnisse treffend beschrieb. Einige Werke: »Lausbubengeschichten«, »Der Ruepp«, »Heilige Nacht«, »Erster Klasse«.

boshaft: »Tragödie Tracht tragender Trottel«, auch →Wiesn genannt. Kann aber auch auf andere →Volksfeste angewendet werden.

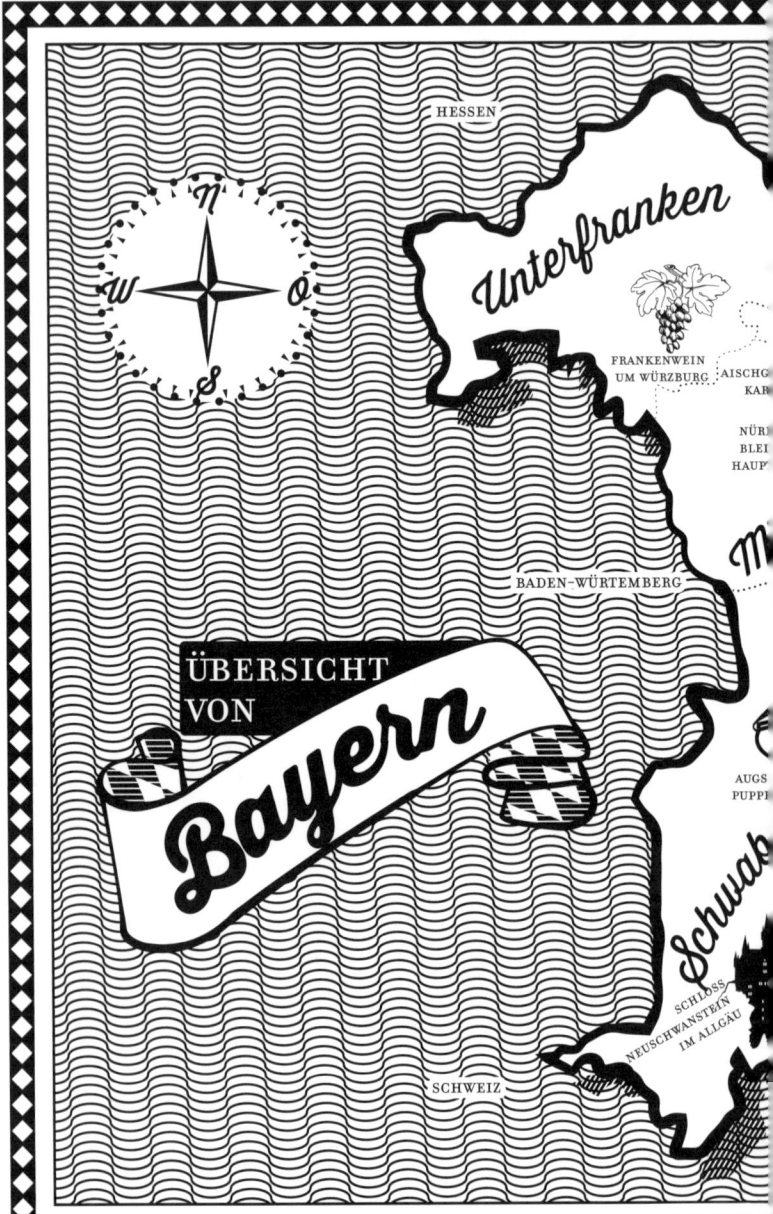

# Wie die Uazin
# einen weiten Weg schaffte

Am Samstag sollte die Uazin die Eier in die Stadt bringen. Die Kirm (Rucksackkorb) war schwer und der Weg weit. Am Freitagmittag machte sich die Uazin auf und ging bis Wutzlhofen. Dann kehrte sie um und ging wieder heim. Sie stellte die Kirm ab und sagte: »So, jetzt hab ich morgen nur noch den halben Weg zu gehn. Es ist doch gut, wenn man sich die Arbeit für zwei Tage einteilt.«

# Walther von der Vogelweide

\* *um 1170, Geburtsort unbekannt; † um 1230, möglicherweise in Würzburg.* Dichter und Minnesänger, bedeutendster deutschsprachiger Lyriker des Mittelalters.

## Verneinung, mehrfache

Charakteristisch für die bairische Sprache sind Mehrfachnegationen. Dem Mehrfachnegierer fällt es selbst gar nicht auf und er reagiert mit Unverständnis auf Kritik oder Nachfragen:

| | |
|---|---|
| Doppelte Verneinung | »I dring koa Wassa ned!« |
| Vierfache Verneinung | »I hob no nia net koan Ausschlag ned ghobt!« |

# Volksmusik

Die bayrische Volksmusik ist charakterisiert durch eine Melodieführung, die von Akkordzerlegungen von Dur-Dreiklängen und der parallelen Zweistimmigkeit dominiert wird.

## Volkssänger

MÜNCHNER VOLKSSÄNGER UM DIE JAHRHUNDERTWENDE 19./20. JH.

Papa Geis

Andreas Welsch

Gebrüder Albrecht

Roider Jackl

Max Neumayer

Lipp-Amther

Stanzl-Schwarz

Kirchner-Lang

Alois Hönle

August Junker

## Volksfeste

*Die größten Volksfeste nach Anzahl von Besuchern sind:*

Oktoberfest München

Gäubodenvolksfest Straubing

Nürnberger Volksfest Nürnberg

Regensburger Dult Regensburg

Michaeliskirchweih Fürth

Bergkirchweih Erlangen

Rosenheimer Herbstfest Rosenheim

Plärrer Augsburg

Karpfhamer Fest Karpfham

Barthelmarkt Oberstimm bei Ingolstadt

Kiliani-Volksfest Würzburg

Gillamoos Abensberg in der Hallertau

Sandkerwa Bamberg

Moosburger Volksfest Moosburg

# Verbale Präfixe

DIE VORSILBEN »DA/DER« UND »ZSAMM«
WERDEN IM BAIRISCHEN
OFT UND SPIELERISCH VERWENDET

## da=/der=

| | |
|---|---|
| dabagga | *derpacken*, schaffen, aushalten, verkraften |
| dadian | *derdürren*, verdorren |
| dabremsen | *derbremsen*, gerade noch rechtzeitig (das Auto, das Fahrrad) bremsen können |
| dabarma | *derbarmen*, sich erbarmen |
| daduan/dadoo | *dertun*, sich umbringen (vor lauter Arbeit, scherzh.) |
| derrenna | *derrennen*, sich totfahren oder scherzh. sich vor Eile fast umbringen (darenn de net!) |

## zsamm=

| | |
|---|---|
| zsammfahrn | *zusammenfahren*, zu Schrott fahren, jemanden umfahren |
| zsammderrlt | *zusammengedörrt*, ausgetrocknet |
| zsammbringa | *zusammenbringen*, schaffen |
| zsammrichtn | *zusammenrichten*, schön anziehen, scherzh. schlecht kleiden, *Der hat se zammgricht!*; betrunken |
| zammklaum | *zusammenklauben*, etwas aufheben, aufsammeln |
| zammsaffa | *zusammensaufen* austrinken, *Saff mer uns zsamm.* Trinken bis zur Unansehnlichkeit, *Der schaut aber zammgsuffa aus.* |

# VERSENKTER TISCH

Auf Herrenchiemsee und im Schloss Linderhof ließ König Ludwig II. – ganz Misanthrop, der er nun mal war – Tische einbauen, die gedeckt von der Küche in sein Speisezimmer hochgekurbelt werden konnten. So wurde Seine Majestät von keiner Bedienung »belästigt«.

# VALENTIN

## KURT TUCHOLSKY ÜBER SEINE ERSTE BEGEGNUNG MIT KARL VALENTIN

Ich kam zu spät ins Theater, der Saal war bereits warm und voller Lachen. Es mochte gerade begonnen haben, aber die Leute waren animiert und vergnügt wie sonst erst nach einem guten zweiten Akt. Am Podium der Bühne auf der Bühne, mitten in der Vorstadtkapelle, saß ein Mann mit einer aufgeklebten Perücke, er sah aus, wie man sich sonst wohl einen Provinzkomiker vorstellt: ich blickte angestrengt auf die Szene und wusste beim besten Willen nicht, was es da wohl zu lachen gäbe… Aber die Leute lachten wieder, und der Mann hatte noch gar nichts gesagt… Und plötzlich schweifte mein Auge ab, vorn in der ersten Reihe saß noch einer, den hatte ich bisher nicht bemerkt, und das war: ER. Ein zaundürrer, langer Geselle, mit staksigen, spitzen Don-Quichotte-Beinen, mit winkligen, spitzigen Knien, einem Löchlein in der Hose, mit blankem, abgeschabtem Anzug. Sein Löchlein in der Hose – er reibt eifrig daran herum. »Das wird Ihnen nichts nützen!«, sagt der gestrenge Orchesterchef. Er, leise vor sich hin: »Mit Benzin wärs scho fort!« Er ist sanft und zerbrechlich, schillert in allen Farben wie eine Seifenblase; wenn er plötzlich zerplatzte, hätte sich niemand zu wundern.

*Karl Valentin, bürgerl. Valentin Ludwig Fey, \*4. Juni 1882 in München; †9. Februar 1948 in Planegg bei München. Großer bayrischer Autor, Komödiant und sehr früher Filmproduzent. Sein Stil stand dem Dadaismus und dem Expressionismus nahe.*

*Er beeinflusste viele Künstler, z.B. Bertolt Brecht, Samuel Beckett, Loriot, Gerhard Polt und Helge Schneider. Seine wichtigste Bühnenpartnerin war Liesl →Karlstadt, →Winterzahnstocher.*

## »*Er ist ein Gespenst und doch Münchner.*« Alfred Polgar

# Das Wirtshaus

### NICHT: GASTSTÄTTE, GASTHAUS ODER RESTAURANT

Freie Bürger gehen ins Wirtshaus – selbstverständlich auch unter der Woche. Je nach Generation kann der Wirt dies manchmal Kneipe nennen. Dass es im Grunde ein Wirtshaus ist, wissen alle Beteiligten. Hier nimmt man eine neue Perspektive zum Alltag ein, ordnet Relevantes und Irrelevantes. Man erneuert seine Beziehung zur Utopie, seinen echten Zielen und Träumen. Das ideale Wirtshaus schützt, behütet, versorgt und inspiriert. Das al-

les geschieht durch die Wirtshauselemente: Mitgäste, Atmosphäre, kulinarische Qualitäten und Rausch. Die idealen Mitgäste sind intelligent, aber nicht geschwätzig. Die Atmosphäre ist geprägt durch eine ideale Menge Licht – nicht zu wenig, aber auch nicht zu viel. Der Rausch entwickelt sich aus den Modulen Bier (obligatorisch), Schnaps, Rauch (also Bip, Zigarrn oder Zigaretten) und/oder Schmalzler. Mit allem nicht übertreiben, aber merken sollte man schon was. Und natürlich die kulinarischen Qualitäten wie Biergeschmack, -temperatur, -glassauberkeit und ganz allgemein die Essensqualität.

## Bestellvorschläge

Helles, Dunkles, Weizen. Wenn man's eilig hat mit der Inspiration: einen Bock. Brotzeiten (kleine Speisen): ➙ Obazda mit Breze, Brotzeitplatte, Sulz, Kaiserschmarrn, Apfelkiachl, Wurstsalat. Mehr Hunger: ➙ Schweiners mit Knödel, Böfflamott, Knödelgröstl, Gröste Leber.

# Weizgschichten

**Wenn einem in der Nacht die »Drud« die Luft abdrückt, muss man an sein Bettgestell mit dem Finger einen »Drud-Haxn« zeichnen, dann ist es vorbei.**

Geschichten von »der Armen Seel«, die nicht heimgehen kann ins Paradies und deswegen umgehen muss, der Drud und allerlei anderen Geistern heißen Weizgschichten (Weihez- oder Weihrazgeschichten). Geister gab es früher überall, eine Aufschrift auf einem Totenbrett aus dem Bayerischen Wald verrät:

*»Bilde Dir ja nicht ein, Du wärst hier allein. Man hat auf dieser Welt – Dir Geister zugestellt.«*

# Weizen

a) Getränk →Biersorten
b) eine Strafe für die Arme Seele

# Waidler

Bayerns Wilder Westen liegt im Osten. Den Bewohner dieses dort gelegenen mysteriösen »Bayerischen Waldes« nennt man »Waidler«.

# Wouzelbär

Der Wouzelbär ist ein Gespenst, das bei Tag und Nacht als dunkle Gestalt erscheint. Er schreckt auch Erwachsene!

# Wildern

Das Wildern hat eine lange Tradition. Erstens, weil es jung hält und Freude macht. Und zweitens hat es auch eine soziale Komponente: »Wenn ich net ab und zu selba an Bock schiaß, dann muaß i für einen Rehschlegel mit Spätzle und Preiselbeeren wie in München draußen 22 bis 25 Mark verlangen. So aber kann i mit 19,50 Mark kalkulieren. Wenn des nicht sozial ist!« sagt ein Wirt aus dem Schlierseer Tal.

# Wrdlbrmpfd

Ein schwer aufzuschreibender und auszusprechender Name. Ein Radler hat im Sketch »Der Radfahrer« von Karl Valentin verbotenerweise eine nicht funktionierende Autohupe am Velo. Bei der Aufnahme der Personalien gibt der Beschuldigte als Namen »Wrdlbrmpfd« an. Am Ende gibt der Polizist auf.

# Das Wappen

## DAS GROSSE BAYERISCHE STAATSWAPPEN BESTEHT AUS DIESEN HERALDISCHEN KOMPONENTEN:

Goldene (im Druck oft gelbe) Löwen als Schildträger. Ohne diese ist das Wappen fehlerhaft.

Der goldene Löwe auf schwarzem Grund stand früher für die altbayrischen und pfälzischen Wittelsbacher, heute steht er für die Oberpfalz.

Die Volkskrone symbolisiert nach dem Wegfall der Königskrone die Volkssouveränität. Mit Steinen geschmückter goldener Reifen, mit fünf ornamentalen Blättern besetzt.

Der »fränkische Rechen« (in Rot und Weiß) steht für die drei fränkischen Bezirke Oberfranken, Mittelfranken und Unterfranken.

Ein blauer Panther, ursprünglich von den Pfalzgrafen von Ortenburg. Er steht für Altbayern.

Drei schwarze Löwen symbolisieren Schwaben. Sie stammen aus dem alten Wappen der Hohenstaufen, den früheren Herzögen von Schwaben.

Weiß (eigentlich silber) und blau gerautetes Herzschild. Es gehörte früher dem Grafen von Bogen, nun symbolisiert es Bayern als Ganzes.

# Die Raute

DAS KLEINE UND DAS GROSSE BAYERISCHE STAATSWAPPEN BEINHALTEN DAS WELT-BEKANNTE BLAU-WEISSE RAUTENMUSTER.

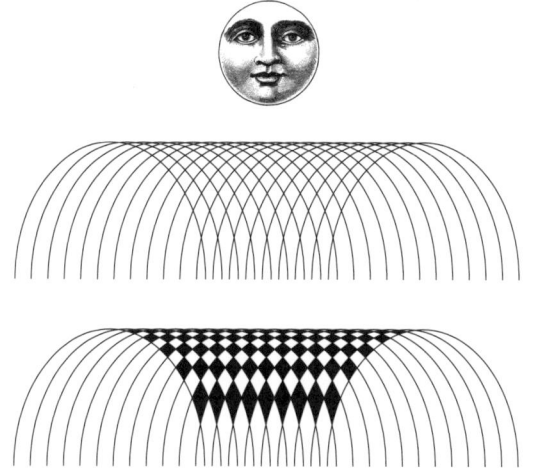

Es enthält mindestens 21 weiße und blaue Rauten (oder »Wecken«). Die linke obere Ecke muss eine angeschnittene weiße Raute darstellen.
Laut Kosmologe Karlheinz Baumgartl beschreibt die Raute mythologisch das weiblich-schöpferische Prinzip. Sie stellt symbolisch das weibliche Geschlecht dar. Es handelt sich um ein Symbol für die Lebenskraft und steht mit alten Fruchtbarkeitsgöttinnen in Verbindung. Im Verlauf eines Monats beschreibt der Weg des Mondes am Himmel ein Rautenmuster: Die Raute stellt also den bayrischen Himmel verbunden mit der wohltuenden Energie der Fruchtbarkeitsgöttin dar, also der Kraft der Natur!
Das erklärt, warum das Wappen so beliebt ist.

www.cosmopan.de

# Wochentage

Die bairischen Wochentagsnamen weichen teilweise vom Standarddeutschen ab. Sie wurden vom Gotischen und Griechischen beeinflusst. Viele Bayern kennen sie gar nicht mehr. Denn die Wochentagsnamen werden nur noch in wenigen ländlichen Bereichen benutzt.

| Montag | Månda<br>Mada | gleicher Wortstamm, »Tag des Mondes« |
| --- | --- | --- |
| Dienstag | Iadda<br>Ergedåg<br>Diensdåg<br>Diada | von Ertag, das eine Kurzform von Ergetag ist, also »Tag des Ares«. Ares ist in der griechischen Mythologie der Gott des schrecklichen Krieges und des Blutbades. |
| Mittwoch | Migga<br>Mitchtåg<br>Middwoch<br>Micha | gleicher Wortstamm, »der mittlere« |
| Donnerstag | Pfinzda<br>Pfinsdåg<br>Dunnasdåg | von Pfinztag, einer Ableitung von griech. pente, »fünf«, also vom Sonntag ausgehend der 5. Tag der Woche |
| Freitag | Freida<br>Freidåg | von der germanischen Göttin Freyja abgeleitet |
| Samstag | Såmsta<br>Såmståg | gleicher Wortstamm, aus dem Hebräischen (schabbat) für »Ruhepause« |
| Sonntag | Sunda<br>Sundåg | »Tag der Sonne« |

# Wurstverzeichnis

Leberkäs

Milzwurst

Pressack

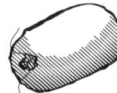
Regensburger

Stockwurst

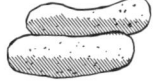
Weißwurst

Wollwurst

Bauernseufzer

Landjäger

Bierwurst

Blutwurst

Hirnwurst/Gelbwurst

Bratwurst

# Wiesn-Bierpreis

WIESN-BIERPREISE
IM JAHRESVERGLEICH:

Der Wiesn-Bierpreis liegt bei

# 694 %

von zwei Halbe aus
dem Getränkemarkt.

Preis:
Der →Wiesnbierpreis ist
zwischen 1950 und 2019
um

# 1495 %

gestiegen.

|  |  |
|---|---|
| 1810 | 3 Kreuzer, 3 Pfennige |
| 1830 | 6 Kreuzer |
| 1840 | 12 Kreuzer |
| 1881 | 25 Pfennig |
| 1898 | 26 Pfennig |
| 1910 | 38 Pfennig |
| 1920 | 2,50 Mark |
| 1922 | 50,– Mark |
| 1923 Jan. | 360,– Mark |
| 1923 Nov. | 260 Milliarden Mark |
| 1925 | 1 Reichsmark |
| 1931 | 1,10 Reichsmark |
| 1933 | 90 Pfennig |
| 1949 | 1,70 DM |
| 1950 | 1,45 DM |
| 1951 | 1,60 DM |
| 1952 | 1,70 DM |
| 1960 | 1,90 DM |
| 1962 | 2,20 DM |
| 1968 | 2,40 DM |
| 1970 | 2,65 DM |
| 1973 | 2,90 DM |
| 1974 | 3,20 DM |
| 1975 | 3,50 DM |
| 1976 | 3,70 DM |
| 1977 | 4,10 DM |
| 1979 | 4,55 DM |
| 1980 | 4,80 DM |
| 1982 | 5,25 DM |
| 1983 | 5,60 DM |
| 1984 | 5,75 DM |
| 1985 | 5,90 DM |
| 1986 | 6,10 DM |
| 1987 | 6,35 DM |
| 1988 | 6,60 DM |
| 1989 | 6,70 DM |
| 1990 | 6,95 DM |
| 1991 | 7,40 DM |
| 1992 | 8,10 DM |
| 1993 | 8,80 DM |
| 1994 | 9,00 DM |
| 1995 | 9,50 DM |
| 1996 | 9,80 DM |
| 1997 | 10,20 DM |
| 1998 | 10,40 DM |
| 1999 | 10,70 DM |
| 2000 | 11,20 DM |
| 2001 | 11,70 DM |
| 2002 | 6,30 € |
| 2004 | 6,70 € |
| 2005 | 6,80 € |
| 2006 | 6,95 € |
| 2007 | 7,30 € |
| 2008 | 7,80 € |
| 2009 | 8,10 € |
| 2010 | 8,30 € |
| 2011 | 8,70 € |
| 2012 | 9,10 € |
| 2013 | 9,40 € |
| 2014 | 9,70 € |
| 2015 | 10,10 € |
| 2016 | 10,40 € |
| 2017 | 10,60 € |
| 2018 | 11,50 € |
| 2019 | 11,80 € |

# Winterzahnstocher

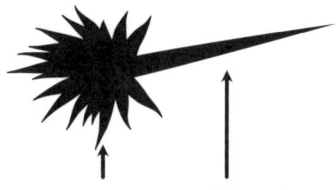

Flauschiger Pelzbesatz    Zahnstocher

Der Winterzahnstocher ist eine Erfindung von Karl Valentin. Es handelt sich um einen Zahnstocher mit Pelzbesatz an einem Ende. Der Originalpelzbesatz war ein Katzenfell. Der Winterzahnstocher ist stets vorrätig im Valentin-Karlstadt-Musäum in München und käuflich zu erwerben für derzeit 1,44 EUR.

# Wurstküche, älteste

Es gibt zwei älteste Wurstküchen in Bayern. Gastronom, Wiesnwirt und Präsident des Bayerischen Hotel- und Gaststättenverbands Wiggerl Hagn sprach im Jahr 2000 feierlich, in schwarzer Robe gekleidet, ein salomonisches Urteil. Im jahrhundertealten Streit zwischen Regensburgs »Historischer Wurstkuchl« und Nürnbergs »Gulden Stern« erging folgendes Urteil:

*» Die ›Historische Bratwurstküche‹ ist die älteste Bratwurstküche, der ›Gulden Stern‹ hingegen hat die älteste Bratwurstküche.«*

# Weißwurst= äquator

Gedachte Grenze zwischen Altbayern und dem Rest von Deutschland. Südlich dieser gibt es schmackhafte Weißwürste, darüber nicht.

# Weißwurst

## KÖNIGIN IM SCHWEINSDARM

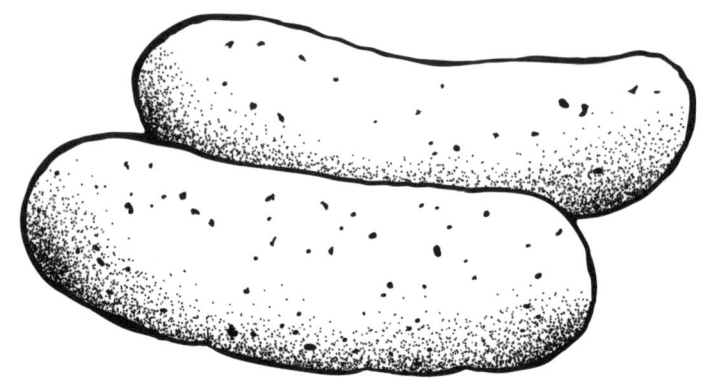

Brühwurst aus fein gekuttertem Kalb- und Schweinefleisch, gewürzt mit Ingwer, Zitrone, Macis und Kardamon – alles eigentlich orientalische Gewürze, die auf die Multikulturalität der Bayern hindeuten.

Am 22. Februar 1857, ungefähr zur Mittagszeit, erfand der Schankkellner Josef Moser die Weißwurst. Er wollte am Faschingssonntag Kalbswürstchen herstellen, das Brät war schon fertig, jedoch waren die dünnen Schafdärme ausgegangen. Nachdem auch noch der Lehrling, der um Nachschub geschickt worden war, die falschen dicken Schweinsdärme brachte, fasste Moser den Entschluss, kreativ zu werden: Er veredelte das Brät mit Petersilie und Zitronenschalen, füllte es in die dicken Därme und verkaufte es im Suppentopf schwimmend als Neuigkeit. Die Gäste waren zunächst überrascht, bald aber begeistert.

→Stockwurst, →Wollwurst

# WATTEN

Das Watten ist während der napoleonischen Kriege um 1800 in Südtirol entstanden. Franzosen und Bayern verbrachten ihre Freizeit damit. »Watten« kommt von »va tout«, also letzter Trumpf. Es spielen zwei mal zwei Personen gegeneinander. Fester Bestandteil des Spiels ist das »Andeuten«. Die zwei Spieler, die in der gleichen Mannschaft sind, versuchen, durch Zwinkern, Augenbrauen- und Schulterzucken zu kommunizieren. Sie deuten sich dadurch gegenseitig an, welche Trümpfe sie in Händen halten.

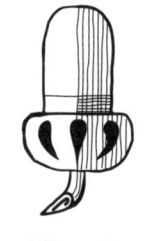
Oachl
Eichel

Herz

Schelln
Schellen

Gras

## Die Kritischen

| | |
|---|---|
| Herz-König | Max, Maxe, Mattl, Papa, Maler, Machtl, Maxl |
| Schellen 7 | Weli, Belli, Benno, Bello, Belle, Bölle |
| Eichel 7 | der Spitz, Soacher, Soach, Bsoachter, Sächer, Bisi, Bise, Gspeitz |

## Stichreihenfolge

| | |
|---|---|
| Sau | Ass |
| Sesseldrucker | König |
| Saalhitzer, Speisenträger | Ober |
| Bochrammav | Unter |
| Eisenbahner, Bahner, Bahnschwellenhupfer | 10er |
| Brotzeit | 9er |
| Fenstersteck | 8er |
| Notschrei | 7er |

# Watschntanz

Der Watschntanz ist eine Erfindung des Holzkirchener Gebirgstrachten-Erhaltungsvereins Taubenberger, um Sommerfrischler — also Städter (Ståderer) — zu unterhalten. Der Tanz hat Anleihen vom traditionellen »Schuhplattler«, ist aber kein traditioneller Tanz. Er wurde 1907 in Bad Reichenhall uraufgeführt. Die Tanzpartner täuschen durch Klatschen an, sich gegenseitig zu ohrfeigen.

## INTERNATIONALES HOCHAMT DER BIERLIEBHABER

Das Oktoberfest in München ist ein → Volksfest, das von Münchnern kurz »Wiesn« genannt wird. »Wiesn« kommt vom Veranstaltungsort: der Theresienwiese. Es findet seit dem 17. Oktober 1810 – mit Unterbrechungen bei Kriegen oder Epidemien – jährlich dort statt.

### Anstich

Der schlechteste Anzapfer war bis jetzt der Bürgermeister Thomas Wimmer. Er benötigte 1950 beim Anstich 19 Schläge, um den Zapfhahn in das erste Bierfass zu bekommen. Rekord als bester Anzapfer hält Christian Ude mit nur zwei Schlägen.

### Italiener

Das zweite Wochenende ist das »Italienerwochenende« und bei Einheimischen besonders gefürchtet.

### Schottenhammel

Im Schottenhammelzelt wird am ersten Samstag des Wiesnfestes um 12.00 Uhr vom Münchner Oberbürgermeister das erste Bierfass angezapft. Ist dies vollbracht, ruft der Bürgermeister »O'zapft is!« (»Es ist angezapft!«)

## Kindl

Die damals 18-jährige Pumuckl-Autorin Ellis Kaut war 1938 das Münchner Kindl. Zur Oktoberfesteröffnung reitet das Münchner Kindl traditionell beim Einzug der Wiesnwirte voran.

## Extase

Manche Besucher ziehen sich nackig aus, nachdem sie einige Maß getrunken haben. Sie werden – falls die eigene Kleidung nicht mehr aufzufinden ist – vom Roten Kreuz mit Papierhosen wieder eingekleidet.

## Traditionsgeschäfte

TOBOGGAN

KRINOLINE

TEUFELSRAD

HEXENSCHAUKEL

SCHICHTL

## Versprecher

1978 rief der Oberbürgermeister Erich Kiesl (CSU) fälschlicherweise:

### »Izapft os!«

Anstatt des Ausrufs »Ozapft is!« dt.: »[Das Bierfass] ist angezapft!«

## Banane

Bewusstlose Bleitrinker werden auf einer Bahre abtransportiert. Damit die Schaulustigen den Abtransport nicht behindern und um die Diskretion zu wahren, wird den Hedonisten eine gelbe Kunststoffplanenkonstruktion übergestülpt: »Die Banane«.

# Wolpertinger

## EIN SPEZIELLES BAYRISCHES TIER

Ein Wolpertinger ist ein bayrisches Tier, das aussieht, als wäre es aus Körperteilen von anderen Tieren zusammengesetzt. Fast alle tragen ein Geweih, besitzen kräftige Fangzähne und oft einen buschigen Schwanz und Flügel. Das Tier ist ziemlich scheu und in freier Wildbahn kaum anzutreffen. **Es ist harmlos – aber reizbar!** Direkter Kontakt sollte vermieden werden, denn man bekommt den typischen Wolpertingergeruch sieben Jahre lang nicht mehr los.

# inger

| | |
|---|---|
| **Ernährung** | Ernährt sich von preußischen Weichschädeln. |
| **Fangmethode** | Eine junge, gut aussehende Frau muss in der Abenddämmerung vor einer Vollmondnacht in Begleitung eines anständigen jungen Herrn in den Wald geführt werden. Dann kann es sein, dass der Wolpertinger sich zeigt. |
| **Zähmung** | Durch das Streuen von Salz auf seinen buschigen Schwanz. |
| **Ob es sie gibt?** | Bayern braucht Wolpertinger. Und selbst wenn es keine gäbe, bräuchten wir sie uns noch lange nicht von den Preußen wegnehmen lassen! |
| **Gattung** | Dr. Peter Kierein ist es mit der Zahnformelreihe gelungen, den Wolpertinger als letztes fehlendes Glied in die Familie der Marder zwischen Hermelin und Dachs einzureihen. |
| **Herkunft** | Ursprünglich war der Wolpertinger in Schwarzafrika beheimatet. Das häufige Vorkommen von Gämsen, einer Antilopenart, hat ihn schnell heimisch werden lassen. |
| **Nutzung** | Der Speichel des Wolpertingers gilt als haarwuchsfördernd. Es liegen verschiedene Dankesschreiben vor, u.a. von Franz Joseph Strauß. Der scharfe Wolpertingerspeichel vermag es, Verhärtungen im menschlichen Haarboden aufzulösen. |

# Zwerge

### VENEZIER, VENEZIANER, VENEDIGERMANDL

Die Zwerge aus der bayrischen Märchen- und Sagenwelt stammen wahrscheinlich von den Erz- und Mineraliensuchern ab, die im Mittelalter im Voralpenland unterwegs waren. Venedig besaß das geheime Wissen zur Herstellung von blauem Glas. Es war sehr kostbar und auf der ganzen Welt bekannt und gefragt. Dafür brauchte man allerdings Mineralien, die es in der Gegend von Venedig nicht gab. Deshalb begaben sich die Bergleute auf die Reise. Sie sprachen eine fremde Sprache und hatten kein großes Interesse, Kontakt mit Einheimischen aufzunehmen. Man nannte sie Venezianer, Venediger, Venedigermandl, aber auch Walen, Welsche, vermutlich eine germanische Bezeichnung für Römer.

Zwerg

# Zehetner, Ludwig

Dialektpapst von Bayern. Der Bairisch-Professor klärt auf in seinen Büchern »Bassd scho! 1-3« und »Bairisches Deutsch: Lexikon der deutschen Sprache in Altbayern«. Spielt sich seit 2012 in Joseph Berlingers Theaterstück »Mei Fähr Lady« selbst. Das Stück ist ein Publikumsmagnet und wurde weit über dreihundertmal ausverkauft aufgeführt.

# Zamperl

Ein kleiner Hund (z.B. Dackel), aber manchmal wird auch ein Bub Zamperl genannt.

# Zoigl

Ein Zoigl-Bier ist ein von Privatpersonen gebrautes Bier. Viele dieser Biere sind unfiltriert und damit Zwicklbiere. Wenn es frisches Zoigl gibt, hängt der Zoiglbrauer den Zoiglstern vors Haus. Der Stern besteht aus zwei übereinandergelegten Dreiecken. Das eine Dreieck steht für die Elemente Feuer, Wasser und Luft, das andere für die Braugrundstoffe Hopfen, Wasser und Malz. Die Ähnlichkeit zum Davidstern ist zufällig.

# Zwiefacher

**AUCH GENANNT: SCHWEINAUER, SCHLEIFER, ÜBERNFUASS, MISCHLICH, GRAD UND UNGRAD, NEUBAYRISCHER ODER BAIRISCHER**

**Eine typische Folge:**

$$\frac{3/4 \ + \ 2/4}{2/4 \ + \ 3/4}$$

Es handelt sich um eine Bezeichnung eines Tanzes und der dazugehörigen Musik. Beim Zwiefachen wird zwischen ungeradem und geradem Takt gewechselt.

Also 2 Takte Walzer-, zwei Takte Polkarhythmus (auch Dreherschritt genannt). Der Wechsel zwischen geradem und ungeradem Rhythmus kann aber auch unregelmäßig oder vereinzelt auftreten.

# Dank

Ich danke meiner Freundin und Ehefrau Ulrike Dirschl, ohne deren Unterstützung auch dieses Buch wieder nicht möglich gewesen wäre.

Ich danke meinen Eltern, meinen wunderbaren Korrekturlesern Andrea Haydn, Sepp Frank und Steff Niedl und meinem teuren Bürokollegen Holger W. John. Und all meinen Freunden, die mir beim Zusammensitzen ihr Ohr geliehen haben, wenn ich immer wieder von meinem Büchlein erzählt habe.

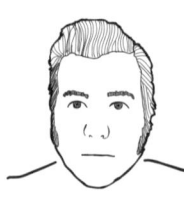

## Philipp Starzinger

ist am 19. Mai 1976 um 13.05 Uhr in der Hedwigsklinik in Regensburg geboren. Zurzeit lebt und arbeitet er als Musiker, Grafiker, Fotograf und Autor in Regensburg. www.PhiSta.de

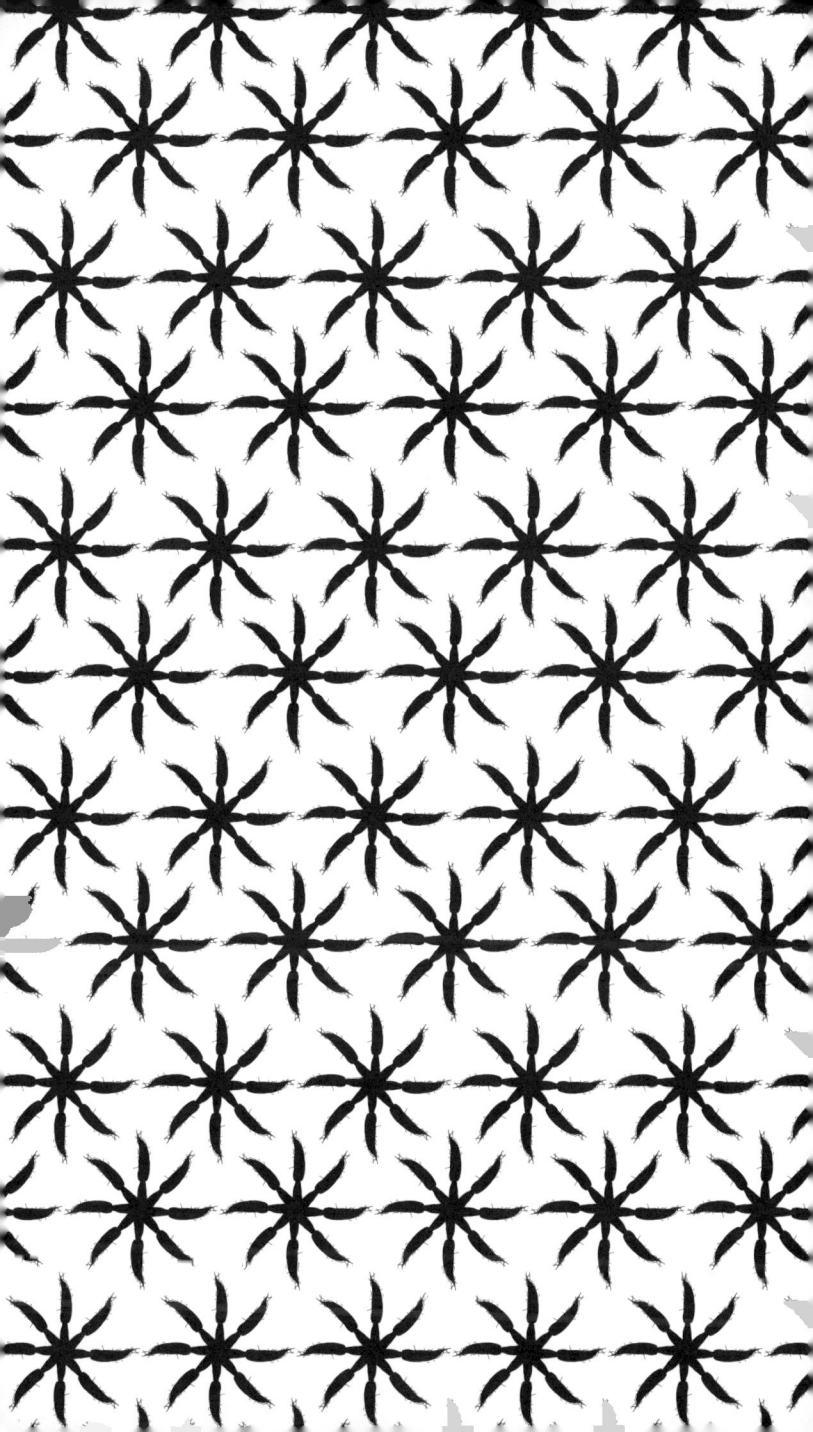

# Verwendete und weiterführende Literatur

- Ambros Johannes, **Münchner Anekdoten**, Ludwig Verlag, 1991
- Butry Walter, **München von A bis Z**, Olzog Verlag, 1958
- Franke Susanne, Hackl Stefan, **Die Wahrheit über Pumpernudel**, Nymphenburger Verlag, 2010
- Gebhard Dr. Harald, Ludwig Dr. Mario, **Von Drachen, Yetis und Vampiren**, BLV Buchverlag GmbH & Co. KG, 2005
- Grasberger Thomas, **Grant – Der Blues des Südens**, Diederichs Verlag, 2012
- Grasberger Thomas, **Gebrauchsanweisung für München**, Piper Taschenbuch, 2012
- Häussler Theodor, **Der Baierwein – Weinbau und Weinkultur in Altbayern**, Buch- und Kunstverlag Oberpfalz, 2001
- Huber Gerald, **Hubers Bairische Wortkunde**, Volk Verlag, 2013
- Jonas Bruno, **Gebrauchsanweisung für Bayern**, Piper Taschenbuch, 2007
- König Werner, Renn Manfred, **Kleiner Bayerischer Sprachatlas**, dtv, 2006
- Melville Herman, **Bartleby der Schreiber**, Insel Verlag, 2004
- Nickl Maria, **Bayerischer Witz**, Heimeran Verlag, 1973
- Polt Gerhard, **Attacke auf Geistesmensch**, erschienen in: Öha!, Kein & Aber AG, Zürich–Berlin, 2011
- Schaefer Heiner, **Schnupf, Bruder!**, Morsak Verlag, 1985
- Schmeller Johann Andreas, **Bayerisches Wörterbuch**, Oldenbourg Wissenschaftsverlag, 2007
- Schneider Herbert, **Der Witz der Münchner**, Verlag Kurt Desch, 1972
- Stangl Martin, **Das Buch vom Zoigl**, Verlag Stangl & Taubald, 2008
- Tucholsky Kurt, **Und überhaupt…**, eine Auswahl, Rowohlt, 1953
- Vogel Valentin, **Der Witz der Bayern**, Verlag Kurt Desch, 1969
- Von Schönwerth Franz Xaver, gesammelt von Karl Winkler, **Oberpfälzische Sagen, Legenden, Märchen und Schwänke**, Verlag Michael Laßleben, 1935
- Von Uslar Moriz, Smith Patti, Neumeister Andreas, **Mjunik Disko**, Verlag Wolfgang Farkas, 2008
- **www.bayerische-kultserien.de**
- **www.cosmopan.de**
- **www.filmtourismus.de**
- www.philhist.uni-augsburg.de, »**Aus**« beim Fangenspielen
- Zehetner Ludwig, **Bairisches Deutsch: Lexikon der deutschen Sprache in Altbayern**, edition vulpes, 2013
- Zehetner Ludwig, **Basst scho! Bd. 1–3**, edition vulpes, 2010–2011
- Zerbst Marion, Kafka Werner, **Das Lexikon der Symbole**, Verlag E. A. Seemann, 2003
- Zwack Ulrich, **Stromgitarren aus Franken**, Hörsendung des Bayerischen Rundfunks B2, Bayerisches Feuilleton, 29.09.2012
- Enzensberger Hans Magnus, **Ach Europa!**, Suhrkamp Verlag, 1989
- Schandri Marie, **Marie Schandri's berühmtes Regensburger Kochbuch**, Verlag Alfred Coppenrath H. Pawelek, 1930
- **MUH, Magazin für bayerische Aspekte**, MUH GmbH, Truchtlaching
- Karl Michaela, **Sozialrebellen in Bayern**, Verlag Friedrich Pustet, 2003
- Schwarzfischer Josef, **Schrazellöcher im Regental – Eines der letzten Geheimnisse in Europa**, www.busschwarzfischer.de
- Motyka, Gustl, **Sagen und Legenden aus dem Land um Regensburg**, MZ Verlag, 1989

Das »Bayern Sammelsurium« erhebt keinen Anspruch auf Vollständigkeit oder wissenschaftliche Präzision. Es versteht sich als Zeitdokument, das mündlich Überliefertes, landesgeschichtliche Fakten und neue Alltagsgeschichte in sich vereint.

3. ergänzte und aktualisierte Auflage 2021
© 2014, 2021 Philipp Starzinger Regensburg
Alle Rechte vorbehalten. Abdruck – auch auszugsweise –
nur mit schriftlicher Genehmigung.
Entwurf und Illustrationen: Philipp Starzinger
Satz aus der Filosofia und der LiebeDoni.
Gesetzt von Philipp Starzinger.

Das Bayern Sammelsurium
ist 2014 erschienen im

 **BART VERLAG**

Philipp Starzinger
Wöhrdstr. 23, 93059 Regensburg
www.phista.de
E-Mail: sammelsurium@phista.de

Gedruckt und gebunden bei Pustet Regensburg
ISBN 978-3-00-045632-9

# Außerdem erhältlich

## GRUSSKARTEN, BLAU UND ROT BEDRUCKT

*Und noch außerdemer!*
## Das Regensburg Sammelsurium

Buch, 144 Seiten, Hardcover
mit blauem Lesebändchen,
200 Stichwörter, reich illustriert.

Im Buchhandel und in Altstadtläden in
Regensburg und auf bartverlag.de
erhältlich!

Schöner Online-Shop:
www.bartverlag.de

# INDEX

## A
Anstich 132
Antwort 82
Anzapfer, schlechtester 132
Arme Seel 122

## B
Basilisk 10, 27
Beatles 7, 32, 70
Begrüßung 6
Bier 19, 22, 24, 30, 74, 93, 132, 137
Boandlkramer 17, 27
Boda 17
Brandner Kaspar 17, 27
Bullyparade 29

## C
Camembert 81
Charles de Gaulle 112

## D
Dackel 35, 136
deformierte Schädel 37
Dialektpapst 136
Durcheinander 16, 137

## E
Essen 52
Essig 14
Extase 133

## F
Fotznspangler 17
Fratzendorf 82

## G
Geburtstag der Weißwurst 130
Geister 22, 27, 53, 88, 101, 122
gell 59
Gespenst 8, 33, 53, 94, 119, 122
Gesumse 89
Gott 26, 44, 62, 126
Großglockner 59
Gschlampert 109
Guggan 107

## H
haarwuchsfördernd 135
Heathrow 112
Hinterhuglhàpfing 11
Hühnerbeine 94
Hund 20, 35, 61, 88, 99, 136

## I
Identifikationsstiftend 13
international 132
Italien 132

## K
Kierein, Dr. Peter 135
Kinski, Klaus 62
Kir Royal 108
Knödel 36, 66, 100, 121
Knödelwerferin 36
Kotentleerung 23
Kritische 131
Kurpfuscha 17
Kuttnbrunza 17

## L
Loamsiada 17
Lynch, David 7

## M
Magier 7
Mahlerbatzn 17
Marihuana 107
Mätresse 89
Meatlriahra 17
Mülltrennung 106
Multikulturalität 37, 130

## N
New York Times 7
Noagal 19

## O
Obszönitäten 33
ohrfeigen, sich gegenseitig 131
orientalische Gewürze 130

## P
Pantschen 22
Paragraphnreita 17
Paranormales Phänomen 33, 88
Parteien 34
Polarforscherin 7
Polt, Gerhard 9, 84, 119
Prä-Astronautiker 107
Pumpernudl 82
Pumuckl 17, 133

## R
Radfahrer 123
Raute 125
Rock'n'Roll 15
Rogl 107
Rosstäuscher 17

## S
Saufgelage 89
Saupreiß 10
Schädel, deformierte 37
Schamanismus 11
Schmalz, im heißen schwimmend 67
Schmalzler 105
Schmiafink 17
Schrazel 104
Simplicissimus 95
Spiel 65, 86, 131
Sport 36, 51, 65
Spruz 19
Stammwürze 30
Strauß 7, 78, 100, 112, 135
Stuhlgang 6

## T
Tanz 74, 131, 137
Taschendieb 88
Tiefbohrprojekt 68
Tier 35, 73, 134
Tisch, versenkbarer 118
Traktor 28

## U
Ungeheuer 10
Unschärferelation, heisenbergsche 60
Ureinwohner 104

## V
Valentin 23, 39, 70, 80, 119, 123, 129
Venedig 136
Venezier 136
Versprecher 133
Vorsilben 118

## W
Wahlbayer 68
Wahnsinn, ganz normaler 108
Wallfahrtsort 8
Watten 131
weiblich-schöpferisches Prinzip 125
Weichschädeln, preußische 135
Wein 14
Weißwurst 56, 97, 127, 129, 130
Weltgericht am Jüngsten Tag 10
Wilder Westen, bayrischer 122
Wildsau 80
Witz 32, 59, 80, 81, 88, 116
Wrdlbrmpfd 123

## Y
Ypsilon 16

## Z
Zahnstocher 129